ひとり斎藤一人

一生しあわせ論《ろん》

舛岡はなゑ 著

KKロングセラーズ

はじめに

現在、わたしは、事業家であると同時に、しあわせな生きかたアドバイザーとしての活動をしています。

その前は、お客さんのあまりこないヒマな喫茶店をやっていました。

当時のわたしは、人生の計画も、目標も持ちあわせてはいません。

誰もが日々感じてるような「あの素敵な洋服が欲しい、このバッグもいいな」

「キレイに、魅力的な人になりたい」

「仲間たちとワクワクするような楽しいことをしたい」

「もっとしあわせで豊かになりたい」

そんなことを思って過ごしていました。

でも――。

自分が欲しいものが手に入ることなんて、めったになく。どうしたら、もっとしあわせで、豊かになれるのか。わからないまま、ただ時が流れるがままの毎日でした。

ところが、ある日、わたしのお店に、白いジャガーに乗った素敵な紳士が、やってきたのを境に、わたしの人生はガラっと変わってしまいました。

「人はみんな、しあわせになるために生まれてきたんだよ。苦労は間違い。今、しあわせにならなきゃいけないの」

白いジャガーの紳士はそう言って、今日の自分より、自分の人生に心ときめく習慣——言葉、見た目（顔、身だしなみ・ファッション）、心の持ちかた・考えかた——を、その都度、一つずつ教え導いてくれました。

教わったことを一つひとつ実践していったわたしは、仲間たちとワクワク楽しみながら人生の旅路を歩いてきました。

そしてある日。

自分の歩いてきた道を振りかえってみたときビックリしました。

欲しかったものがすべて手に入るようになっていたのです。

そして、ヒマな喫茶店で仲間たちとワイワイさわいでいた頃は、これっぽっちも考えたこともなかった、現在のわたし。

紳士の言ってることとは、一見、不思議だけど、今あらためて思うのです。

やっぱり、白いジャガーの紳士は〝本物〟だ、って。

なぜなら、紳士自身がいちばん信じられないような奇跡を起こし続けてる。

たとえば従業員わずか五名という会社で、かつ事業所得だけで累積納税額日本一、
という快挙を成し遂げ、
現在においても仕事の業績を伸ばし続けてる。

紳士の名前は、そう、斎藤一人さん。

これから、わたしがひとりさんから教わったこと、
そして、教わったことを活かして、どんなふうに日ごろ過ごしているか。
どんな気持ちで過ごしているか。
そんなお話をさせていただこうと思います。

著者　舛岡はなゑ

目次

3 自分を大切にする、ということ。……55

4 他人《ひと》のしあわせを願う。……83

1

自分をゆるす。

信念——だからブレない

みなさんは、もちろん、しあわせになりたいですよね。
今しあわせな人は、もっと、もっと、しあわせになりたい。
それでいいんです。
そう思ってたほうが健全で、人間らしいと、わたしは思っています。
そして、もっと、たくさんの人に伝えたい。

人というのは、絶対、しあわせになるために生まれたんです。

ひとりさんにいちばん最初に教わったこのことを、わたしは信じています。

しあわせになる権利がある、という話ではありません。

あなたがこの世に生まれた以上、あなたは絶対にしあわせにならないといけないのです。

不幸は間違い、苦労は間違いなのです。

自分が大好きです

人がしあわせになるときに絶対なくてはならないものがあるんですね。
これが抜けちゃうと、人はしあわせになれないのではないかと思います。

それは、自分のことが好き、ということです。

もし、自分のことが好きでない人がいるとしたら、少しずつ、自分のことをね、
好きになっていけたらいいんですけれど。

みなさんは考えたこと、ありますか？

自分のことが好きですか？

ちょっとおもしろいんですけど、自分のことをいつも好きでいる人は、そんなことを考えたことすら、実はないんですね。

自分のことが好き、というのが当たり前だから。

自分のこと、好きじゃない人っているの?!　と言うぐらい。

だけど、自分が好きでない人は、自分のこと好きな人がいるの?!　って。

真逆なんです。すごく人生観が違うんですよ。

ここで一つ、自分のこと余裕で好きな人も、そうじゃない人も、とりあえず、言葉だけで結構です、言葉だけでもいいから言ってみてください。

「自分が大好きです」って。

脳はつじつまが合わないことを嫌がります。
「自分が大好きです」と言っていると、一生懸命、自分のいいところを探します。
自分にはこんないいところもあるじゃない、と自分のいいところを数えだします。
そうするとしめたもので、心から「自分が好き」と言えるようになるんです。

言葉だけでも、ゆるします

ひとりさんと知り合ったのは、もう二〇年ぐらい前になります。
その頃から、言葉が大事だ、ということを、ひとりさんは言っていました。
そして、自分も周りの人も楽しくて、気分がよくなるような言葉をつかって過ごしてると、しあわせになれるよ、って教えてくれたんですね。

そういう言葉のなかに、「ゆるします」という言葉があるんです。

誰をゆるすのかというと、まずは自分です。

「自分をゆるします」

と言ってみてください。


それがなにか？　と思うかも知れないんですけれど。

コレも不思議なんですが、自分のこと、ちょっと、好きじゃないなと思ってる人は、自分をゆるせないのです。


だから、思ってなくてもいいの、言葉だけでいいから、

「自分をゆるします」

って言ってみようよ、って声をかけても、最初はなかなか言えない。


でもね、〝言葉の力〟って、ホントにすごいんです。

「自分をゆるします」と言えたら、いとおしいほど、自分が大好き！

以前、自分のことが嫌いで、ホントに「自分をゆるせない」と言ってる男性がいました。

その男性に、わたし、言ったんですね。

お願いだから、お芝居の台詞のつもりで「自分をゆるします」と言おうよ、って。

でも、やっぱり最初その男性は、「んー、でも」と言うばかり。

ぜんぜん埒《らち》が明かなかったんです。

自分のことが好きじゃない人、自分をゆるせない人は、それぐらい「自分をゆるします」という言葉が言えないんです。

思ってなくてもいいから言って——って言っても、言えないんです。

どうしてなのかな？　と思ったら、すごい心が、純粋な人なのね。

自分のことが嫌いだし、ゆるせないのに、ウソはつけない、って。


でも、あのときは、わたしといっしょに仲間が大勢いましてね。

みんなして、彼に「いっしょに言おうよ」「みんなで、ゆるします、って言おうよ」って、男性を応援したんです。

それでも、男性は「言えません」と言う。

でも、みんなは、あきらめなかったんです。

何度もなんども、「いっしょに言おうよ」って。


そしたら男性は、ようやっと、ふりしぼるように「自分をゆるします」って、言えたんですよ。

わたしもそうだけど、みんな、すっごい喜んじゃって。

「みんなを喜ばせた分、あなた、必ずしあわせになるよ」って。

そしたら、男性は何度も大きな声で「自分をゆるします」「自分をゆるします」って。

昂奮が少ししずまってから、わたし、その男性に「一つ、聞いていいかな？」って、たずねたんです。

「あなた今、自分のこと、好きかな？」って。

すると、男性は自分で自分を抱きしめながら言ってくれました。

「いとおしいほど、自分が大好きです」

言う言葉を変えると、考え方が変わる

人って、いろんな育ち方したり、いじめられたり、いろんな出来事があって、自分のことが嫌いになったり、「自分なんて」と思ってしまうんですけれど。

そのときに、どうしてもね、自分をゆるせないだけじゃなくて、

「あの人もゆるせない」

他人《ひと》のこともゆるせない場合もあるんですね。

そこから抜け出すために、よく「考えかたを変えましょう」って言うじゃないですか。

でも、考えかたを変えるって、実はすごい難しいんです。

「あの人をゆるせるようになってから、あの人をゆるす、って言います」って、たいがいの人は言うんです。

実際はなかなか、ゆるせない。

そうすると、なかなかできない自分のことがもっと嫌になる。

「やっぱり自分なんて」とか、自分で自分をいじめるんです。


だから、まず言葉を変える。

思ってなくてもいいから、言葉を変える。

なぜなら、心より言葉のほうが変えやすいんです。


自分のこともゆるせないし、誰かゆるせない人がいる。

そのときに、言葉だけでもいいから、

「自分をゆるします」

「あの人をゆるします」

と言うんです。

最初はちょっと苦しいかもしれない。

でも、言ってるうちに、すっと言えるようになります。

そして、やがて心からゆるせるようになってくるのです。

2 言葉が人生を創る。

しあわせを呼び込む「天国言葉」

どうしたら、しあわせになれますか？　と言ったとき、方法はいろいろあるけれど、まずは言葉です。

日ごろ、どういう言葉で過ごしてるかが、すごく、人生で大事なんですね。

というのは、言葉には、言霊《ことだま》といって、言ったことが現実になる不思議な力があるからです。

みなさんは、しあわせで豊かになりたいのだから、できるだけ不幸になるような言葉はつかわずに、なるべく〝天国言葉〟で過ごしたほうがいいです。

〝天国言葉〟とは、自分も周りの人もね、楽しくなっちゃう、気分のいい言葉。

それを、わたしたちひとりさん一派※は「天国言葉」と言っています。

言い換《か》えると、プラスの言葉とか、肯定的な言葉でしょうか。

いくつか例をあげると、愛してます、ついてる、うれしい、楽しい、感謝してます、しあわせ、ありがとう、ゆるします。

それから、「キレイだね」も〝天国言葉〟です。

たとえば、花を見てキレイだな、って。自分が感じたこと、プラスの思いを声に出して言わない人がほとんどですけれど、声に出して「キレイだな」とかって言ってみてください。

それと同時に、言葉だけでも結構です、ダンナさんに「素敵ね」、奥さんに「キレイだね」と言ってみましょう。
きっと素敵なことが起きますよ（笑）。

他にも、お子さんに「かわいいね」と言ってあげたり、ご飯を食べながら「おいしいね」って。

青空を見上げたら「気持いいなぁ」、風が吹いたら「さわやかだ」とかね。

少し緊張している自分に「大丈夫、大丈夫」って。

自分も周りも楽しくて、いい気分になるなら、なんでも〝天国言葉〟です。

言えば言うほど、次々としあわせなことが起きますから、できるだけたくさん〝天国言葉〟をつかいましょう。

※ひとりさん一派：斎藤一人さん（銀座まるかん創設者）のカッコいい生き方・考え方に共感・共鳴し、ひとりさんを人生の師匠・メンターとする仲間たちのこと。

毎瞬、毎瞬のゲーム

たとえば、今日は雨が降っているとします。

「雨か。ヤダなぁ」と言ってしまうのがふつうです。

「今日は雨がふってて、うっとうしい」

そう言いながら、いい気分になることは決してありません。

むしろ、その言葉を言ったことによって、さらに気持ちが下がります。

それに、まったく雨が降らなかったら、たいへんなことになるんです。

自分の都合だけじゃなくて、お百姓さんとか、農業の人にとったら、恵みの雨だったりするんです。

だから、わたしたち、ひとりさん一派は、雨だろうが、槍が降ろうがね（笑）。「ヤダな」という言葉は言わないようにしてるんです。

なるべく〝天国言葉〟でね。

ホントに、楽しくて、いい気分になるんだったら、なんでも結構です。

雷が鳴ったら「カッコいいね」と言ってもいいんです。

ともかく「ヤダな」は言わない。


わたしたちは、そんなことを、「毎日〝天国言葉〟で過ごそう」と心に決めた日から、ずっと心がけてきて、今はもうクセになっちゃってるけど、この世の中には、まだ〝天国言葉〟のことや言霊の力のことを知らない人がいます。

そういう人は、知らないから、ごあいさつ代わりに、「今日、暑くてヤんなっちゃいますよねー」とか言ったりします。

そのとき、〝天国言葉〟をはじめたばかりの頃は、ついつい、

「暑くてヤんなっちゃう、なんて、言ってちゃダメでしょう」

とか、相手の言ったことを否定する発言をしてしまいがちなんですけれど。

相手の言ったことをいきなり否定するのは避けたほうがいいのです。

相手に嫌な気分を与えることがダメなのです。

なぜなら、わたしたちはこの世で、出会う人、出会う人に、いい気持を与えてポイントをゲットしてためる「宇宙貯金」をしているんです。

ですから、この場合は、「そうですね、ちょっと蒸《む》しますねぇ」と相手の意見をいったん肯定して、それから、

「でも、なんか、気持いいですよー」

こんなふうに軽くね、〝天国言葉〟で返すのがベターです。

わたしのNGワード

言葉って、ホントにすごく大事です。

恐れている、ついてない、不平不満、グチ・泣き言、悪口・文句、心配事、ゆるせない。

こういう言葉は、〝天国言葉〟とはまったく逆で、聞かされた人も、言った本人も、嫌な気分にさせます。

嫌な気分にさせる言葉を、わたしたち、ひとりさん一派は〝地獄言葉〟と呼んでいます。

要は、マイナスの言葉、否定的な言葉のことです。

ほとんどの人は地獄言葉をついつい言っちゃうんですけど、地獄言葉を言うと、その地獄言葉をまた言いたくなるようなことが起きるんですよ。

ですから、「ヤダな」と言うと、また「ヤダな」と言いたくなるようなことが起きます。

「くやしい!」と言うと、また「くやしい!」と言いたくなることが起きます。

「心配だ、心配だ」と言っていると、心配の種が減ることはありません。逆に心配の種を大きく成長させるだけです。

だから、〝地獄言葉〟を言いそうなことが起きたとしても、グッとこらえて言わない。

そういう訓練を、わたしたちはずっとやってます。訓練というよりも、ゲームですね。

〝地獄言葉〟を言いそうな場面で、いかにしてユーモアでひっくり返すか、という
ゲームを楽しんでやってるんです。

「すごいね」「達人だね」

たとえば、嫌な人に出会ってしまうことがありますよね。

「言葉で人生が変わるぐらいなら、誰も苦労なんかしてないんだ」みたいな、イヤミを言ってくる人とか。

そういう人に会ったとしても、ひとりさん一派は、真剣になって怒ったりしません（笑）。

〝地獄言葉〟をつかわないで、代わりにこう言います。

「あの人は達人だな」とか。

「すごいな」とか。

「いい修行してるね」とか。


自分の眼の前にいるときは、心のなかでそう言います。

その場から離れて、身内に話すときは笑顔で明るい声で、笑いながら、

「今日ね、すごい達人がいたんだよ」

その人はこうで、こうで、こんなすごいことをしたの、という説明をして、

「ねぇ、すごいでしょ」

と言うと、聞いてる人も笑って
「確かに、それはすごい人だ」って。

自分も聞いている人も気分を害することがないのです。


それから、たとえば、旅先で旅館に泊まるときに、期待してきたけど何かちょっと違うかも、ちょっと残念だな、ということがあるじゃないですか。

そんなときも、わたしたち、ひとりさん一派はニコっと笑って、「ここの旅館、すごそうだね」って（笑）。

生きてると、いろんなことがありますよね。

たとえばタクシーに乗ったとき、あまりにも乱暴な運転のタクシーに乗っちゃったり。

でも、運転してる人に怒ったって自分に得なことは一つもありません。

そんなことをするぐらいなら、後で知り合いに「今日、すごい達人のタクシーに乗っちゃってさ（笑）」とか言えばいいんです。笑いのネタですね。

そしたら、笑い話で済んじゃう。

ひとりさんの妙技

みなさんは、〝ひとりさん〟こと、斎藤一人さんをご存知かと思います。

銀座まるかんの創設者であり、事業所得だけで累積納税額日本一！　という快挙を成し遂げた事業家。

そして、わたしたち、ひとりさん仲間にとっては、カッコよくておもしろくて、自分にもゆるくて、他人《ひと》にもゆるい。

ひと言では言い尽くせないぐらい魅力的な、人生のよき師です。

〝天国言葉〟にはしあわせを呼び寄せる不思議な力があることを教えてくれたのも

ひとりさん。

〝地獄言葉〟を言いそうになる場面をユーモラスな言葉で表現して、みんなで明るく楽しく笑っちゃう。その本家大本が、ひとりさん。


そのひとりさんと、同じまるかんの仕事をしている弟子の社長たちとで、青森の津軽を旅したときの話です。

ある旅館に泊まったのですが、そこの旅館が古風でしてね。

とっても古風で、建物がちょっとナナメな感じで（笑）。


そこでも、「すごいね」って、みんなで笑ってたんですけど。

圧巻は、そこのお布団。

冬だったんですよ、真冬で雪深いときでしたね。

そして、ちょっと寒かったんですね。

夜、寝るときにお布団をかけたんですけど、そのお布団が。

ペシャっとして、こう、ちょっと重い感じなんですね（笑）。

そしたら、ひとりさんが「いや〜、この布団はね、一〇枚ぐらいかけた感じがして得した気がする」って言ったんですよ（笑）。

すごいほめ方があるな、と思って（笑）。

こういう師匠にくっついていると、笑いながら自然と悟れるものですね。

あの重いお布団ですら笑い話にかえられるんだ、と思うと、ふつうだったら目くじら立てるようなことも、ヒョイヒョイとユーモアでかわすようになるのです。

ひとりさんのおかげさまで、今ではいろんなことが笑い話になっちゃう。

ボーっとしてると不幸になる

みなさん、しあわせになりたいですよね。

でも、なりたいと思っているだけでは、なかなかなれません。

人間というのは、ただボーっとして生きていると不幸になりやすいのです。

意識的に〝天国言葉〟をつかい、明るく楽しくなるようなことを考えていないと、人間の脳は、暗くなるようなこと、不安になるようなことばかり思い浮かんでしまうようになっているのです。

たとえば、自分の頭を、なにかのものにゴンってぶつけるとしますよね。

「痛いっ！」って言うじゃないですか。
「痛い」までは、いいんです。
問題はこの後。

ふつうは何にも考えないで「痛い、ヤんなっちゃうな」って、つい、思ったままの言葉、〝地獄言葉〟を言っちゃうんです。
そしたら、また〝地獄言葉〟を言いたくなるようなことが起きるから、「ヤんなっちゃう」ってまた言っちゃう。

だから、「ヤんなっちゃう」とか〝地獄言葉〟は言わないと、決意してください。
ゴチンってぶつけて、
「痛い……」の後に、
〝地獄言葉〟を言いそうになっても、グッとこらえて、
「よかった、よかった」とか、「ついてる、ついてる」とか、その場で思いついた〝天

国言葉〟を声に出してみます。

すると、脳は、頭をぶつけたのに、なぜ、よかったのかを考えだして、「生きててよかった」とか、よかったことをポン！　と出してくれるんです。

そうやって、なにがあっても、明るく前向きな〝天国言葉〟を言おうと心に決めた人に、天の神さまが味方をしてくれて、しあわせなことがたくさん起きるようになっています。

ただし、ふだんから意識的に〝天国言葉〟をつかっていないと、ゴチンっとぶつけたときに「痛いっ……生きててよかった」なんて、〝天国言葉〟がスッと出てくるようなことはないものです。

だから、まずは、次の言葉を呪文のように毎日一〇回唱えるところからはじめてみましょう。

「愛してます、ついてる、うれしい、楽しい、感謝してます、しあわせ、ありがとう、ゆるします」

唱えるのはいつでもかまいません。

朝、起きてすぐ言ってもいいし、夜、お風呂に入りながら言ってもいいし。

わたしは歯医者さんが苦手なので、歯医者で治療を受けている間、この八つの〝天国言葉〟を唱えています。

歯医者さんでたいへんな思いをしたことがないのは、〝天国言葉〟のおかげだと思っています。

そんなふうに、あの〝天国言葉〟を唱えているうちに、やがて口グセになってきます。

ついうっかり〝地獄言葉〟を言ってしまっても、あわてない、あわてない。

「愛してます、ついてる、うれしい、楽しい、感謝してます、しあわせ、ありがとう、ゆるします」

と言うと〝地獄言葉〟は帳消しになります。

そしたら、新たな気持でまた〝天国言葉〟でいきましょう。

頭をフルにつかって脳天気

わたしは脳天気って好きなんですね。

脳天気な人って、なにがあっても暗くならないじゃないですか。

それって、起きたことを明るく、肯定的にとらえ直しているからできることであって。

素晴らしいと思うんです。

ふつうは、そうやって、いいほうに頭をつかうのがたいへんだから、どうしても、楽なほうに流れて、暗くなっちゃう。
いや、ヘンな脳天気はダメですよ（笑）。
ヘンな脳天気って、たとえば、目が覚めたら、会社の始業時間を一時間も過ぎて
て、それなのに「大丈夫、大丈夫」と言ってる、みたいな。
それ、ぜんぜん大丈夫じゃないですから（笑）。

こういうヘンな脳天気ではなくて、ひとりさんがよく言う、「学校の勉強ができ
ない、ということは、社会向きなんだよ」とかね。
誰かに「あなたって八方美人ね」と言われたとしても、「八方にブスっとしてい
るよりいいじゃない」って、ぜんぜん動じないとか。
ふつうだと困っちゃうようなことも、「大丈夫、困ったことは起こらないから」
と言いながら、ホントに大丈夫なほうへ事態をもっていっちゃう。

みなさん、日々、いろんなことが起きると思うんです。

つい〝地獄言葉〟を言いたくなるようなことが起きることだって、当然あると思うんです。

わたしだって、足をぶつけるときがあるし、出かける前に靴下が切れるとか。

そんなの、誰にでもありますよ。

でも、そのときは、ムリクリ「あぁ、今でよかった」とか言ったりね。

いろんなことを考えて〝天国言葉〟で過ごす努力をわたしはしているんです。

そして、もし、何か問題が起きたときは、

「絶対、このことは自分にとって悪いことじゃないんだ」

と、まず決めつけちゃう。

それから、問題に対処するんです。


そういうことをしている人には、天の神さまが味方をしてくれます。

ホントなんですよ。

知らず知らずのうちに、いいほうへ導かれたり、意外なところから助けが出てきたり、奇跡が起きるんです。

〝地獄言葉〟を正しく恐れる

たとえば、お子さんが、ちょっと成績が下がっちゃったとします。

親御さんとしては、心配ですよね。

どうしよう、ああしよう、マイナスの思いをいっぱいして、どんどん暗いほうに考えちゃう。そういう親御さんもいると思うんです。


多少の心配は当たり前なんですけれど。

マイナスの思いをいっぱいしちゃうのは、「自分がそういう性格だから」と思ってるけれど、そうではないんですね。

周りが〝地獄言葉〟ばかり言っているのをずっと聞いてきたからなんです。

確かに、性格であるとか、前向きに考える傾向は、遺伝子の影響を受けていると言われているけれど、遺伝子だけで決まっちゃうものではないんですよ。

それに遺伝子って、少し前までは「変わらない」と考えられてきたけれど、最近の遺伝子研究で、考えかたを肯定的に変えるなど、外からの刺激によって、遺伝子まで変化してくることがわかってきたんです。

そしたら、体も健康で、眠ったままの能力も開花するし、人生の可能性がどんどん広がっていく、と言っている研究者もいるんですね。

もっと言わせてもらうと、人間の精神は本来、絶対なる肯定なんですよ。

もし人間の精神が否定的で後ろ向きだとしたら、マンモスを獲って食べようとか、絶対に考えないですよね。

マンモスに踏まれたら死んじゃうんですよ（笑）。

だからね、みなさん、しあわせになりたいのなら、マイナスの思いをする習慣を捨てて、前向きに考えたり、明るく楽しいことを思うことを新しい習慣として身に着ける努力をしてほしいんです。

それが、わたしの推薦する脳天気です。

周りじゅうが「どんどん、世の中、悪いほうに向かってる」と言っていても、闇に引っ張られてはいけません。

自分だけは明るく「大丈夫」って。

なぜ、マイナスの思いをしちゃいけないのか。

こうなっちゃったらどうしよう、ああなっちゃったらどうしよう、ってあんまり心配すると、その思ってることを引き寄せちゃうんですよ。

だから、心配事って、すっごく、よくないんですね。

本来、この程度で済むことが、むやみやたらと心配する想念のおかげで、こーんな大きな、すごいことになっちゃったりすることもあるんです。
心配すると、悪いことを呼んじゃうんですよ。

日本人はね、すごく頭がいいので、心配するほうに頭をつかう傾向があるんです。
これは、人生にとって、すごくよくない。
とくに女の人、気をつけてください。
心配したり、悩むと、すっごくね、シワが増えちゃうんです。
寝てるときもね、眉間にしわを寄せて寝てるんですって。
悩んでる人って、寝てるときも悩んでるんですよ。

だけど、脳天気な人はフケない。
一方、悩みグセのある人は、どんどん、眉間にシワが入ってってっちゃってフケていくの。
それもバカバカしいと思いません?
バカバカしいことは、やめたほうがいいですよ。

3

自分を大切にする、ということ。

子どものためを思うなら、お母さん、まず、あなたがしあわせになってください

今、お子さんがいらっしゃる方。

「これからです」という方。

産まない選択をした方もいると思います。

それ以前に、パートナーを探している方、さまざまだと思いますが。

子育てをしている方で、よくこんなことをおっしゃる方がいます。

「わたしは、つらくても、この子がしあわせならいいの、わたしのことはどうだっていいの」って。

そうやって、自分はしあわせじゃないお母さんが、子どもを目のなかに入れても痛くないぐらい、かわいがったとしても、なぜか、その子はしあわせになることができません。

なぜなら、お母さん自身がしあわせじゃないから。

これ、簡単なルールなんですよ。

たとえば、お子さんに足し算を教えたい。

でも、お母さんが足し算できなかったら、教えられないじゃないですか。

因数分解《いんすうぶんかい》も、いくらお母さんが教えたくても、わからなかったら子どもに教えられないですよね。

しあわせも同じなんです。

子どもって、赤ん坊の頃からずっと、自分の母親や家族が日ごろ、どうやって過ごしてるかを見てるんです。

そのときに、しあわせに生きてる人が見本としていないと、「あなただけでも、しあわせになってね」と言われても、相当、厳しい。

しあわせじゃない人の見本しか見せてもらえてない子どもに「しあわせになって」って、足し算も教えないで、かけ算の問題を全問正解しなさいと言ってるようなものです。

ですから、みなさん、まず自分がしあわせにならなきゃいけません。

年齢より考え方

ウチの母親は、わたしより背が高い人だったんです。

スラっとして、姿勢のいい人だったんですけど、ここ五年から一〇年ぐらいの間に、骨粗しょう症の症状が出てきてしまって背中が丸まっちゃったんです。

お腹がこう出て、背中が丸まって。

だから、背が、わたしより小さくなっちゃったの。

ウチの母親、すっごいオシャレな人だから、すっごく気にしてたんです。

「お洋服が似合わないわ」って、気にしてて。

「直したい、直したい」と言うので、食事のバランスをとる方法だとか、ひとりさんから教わったことを母親に伝えたんですね。

母が言うには、腹筋に力が入らないし、体がシャキンとしないんですって。

それは、筋肉や骨が弱っちゃってるからなんですけど。

それが原因で、母は長く歩くと足も痛くなっちゃうし、腹筋に力が入らないから、こうやってお腹を手で押さえないと歩けない。

そういう話を母から聞いてて、わたし、ちょっと悲しくなっちゃって。

ところが、不足してる栄養をちゃんと摂《と》ったとたん、母が、

「なんか違う!」

と言うんです。

腹筋に力が入るようにもなってきたから、お腹を手で押さえなくても姿勢がまっすぐに保てるようになったんです。

「すごく楽になった」

と、母は喜んでいましてね。

しかも、会うたんび、母親がすごい調子よさそうになっていくんです。


この前は、母に会ったときに「アレ?」と思って、わたし、聞いたんです。

「ねぇ、背中、まっすぐになってない?」

そしたら、母が「そうなのよ、電気の紐も届くようになったの」って。

どういうことかというと、少し前まで、母は電灯の紐が届かなかったんです。

ちょっと、天井の高いところの電灯がね。

だから、スイッチをパチン、パチンってやらないと、電灯を消したり、できなかったんです。つま先で立っても届かなかったのに、

「今、ふつうに立って、それが消せるのよ」と、母。

「え!! じゃあ、ママ、背骨が伸びたんだね」

「そうよ」

まさか、あの年になって背中が伸びるなんて！

ウチの母はもう七十代なんですけど、今、めっちゃくちゃ若返ってきちゃって。

肌もうるおって若々しく、すごいキレイになっちゃったんですよ。

そしたら、ウチの母、さらにうれしくなっちゃって、今は、すっごいイキイキして、一日一万歩も歩くんです。

韓流にゾッコン

最近、父が亡くなったんです。
父と母はいつもね、いっしょにいて仲がよかったから、わたしも兄も、母のことが気がかりで、さみしくなっちゃうかな？　とか思ってて。

でも、女性は強いですね（笑）。

もうね、ウチの母、すっごい元気なんです。
近所に住んでる友だちの家へ遊びに行ったり、逆にそのお友だちがウチに遊びにきて二人で遅くまでしゃべってたり。

それから、ウチの母はわたしの経理をやっているのですが、以前は銀行の帰り道は疲れちゃって、タクシーをつかったり、してたんですね。

でも今は、歩いて帰ってくるんですよ。


元気になった理由は、もちろん、栄養をちゃんと摂って体がよくなったことも理由の一つなんですけれど。

最近、ウチの母、韓流にハマってるんですね（笑）。


たとえば、月曜日から金曜日まで、朝からテレビでやってる連続ドラマがあるんですけど、それに「今、すごくハマってるんだ」って。

「いろいろやらなきゃいけないのに、一日、見ちゃってさー」

って、ホント、うれしそうに言うんですよ。

そして、韓流の俳優さんやアーティストさんたちのことを「カッコいい！」と言ってましてね。

「わたしはね、年をもう考えないことにしたわ」って言うんです。

わたし、うれしくなっちゃって。

母親がすごい楽しく過ごしてるのって最高だな、って。

わたしはそう思ってるんです。


わたしが好きな韓流の男性グループのライブDVDを母に見せたんですね。

色白で、イケメンぞろいのグループで、U-KISS《ユーキス》と言うんですけれど。

そしたら、ウチの母が、「いいねぇ」って、ずっとDVDを見てるんですよ。

じゃあ、その人たちが出るミュージカルがあるから、母といっしょに行こうと思って、チケットを、母の分も取ったんです。

「二日分、席とったから。両方、行けるからね」って、母を誘ったんですけれど。

同じものを何回も見なくていいわ、と言うかと思ったら、「ぜんぶ行く」って（笑）。

「オシャレして、行かなきゃ」って、すごい張り切っちゃって。

自分で「ママ、若くなっちゃうね」とか言っててね（笑）。

その後も、母子で、そのU‐KISSのライブを、昼、夜、連続二日間、見に行ったり、いろいろしてるんですけれど。

「ステージでがんばってるあの子たちを坐って見てるのではなくて、立って応援したいから」って。

このごろは、毎日、ライブDVDを見ながらウオーキングしたり、簡単なエクササイズをして、自分磨きに余念のない母。

ただ今、青春まっただなか。

この世でもっとも簡単&即効しあわせになる方法

ひとりさんがよく言うんです。

「自分は〝愛と光と忍耐〟でいなさい」って。

「愛」とはやさしさ。

「光」とは明るさ。

「忍耐」とは、ガマンすることではなくて、要は、なにがあっても、誰に対しても、ずっと忍耐強くやさしく明るい自分でいなさい、と言うことです。

それから、ひとりさんは「まず自分がしあわせになりなさい」って言います。

自分がしあわせでなかったら〝愛と光と忍耐〟でいるって、できないんですよ。

自分が不幸なとき、他人《ひと》にやさしくはできづらいんです。


じゃあ、どうやったら、しあわせになれますか？　というと、いろんな方法がぁるけれど、女性にとって、いちばん簡単な方法は、自分が若くてキレイになること。

そうでしょ？

ファンデーションのノリがいいだけで、気分いいでしょ？

まゆ毛がすっとキレイに描けたら、機嫌よくなっちゃう（笑）。


それでね、女の人って、おもしろいの。

女の人のほうが、すごい、いいものに貪欲、と言うんでしょうか。

キレイになった人がいると、すぐ、その人をつかまえて、

「ちょっと、ちょっと、あなた、どうしたの、キレイになっちゃって」

とか言うし（笑）。

「なにやったのよ、えっ、なにそれ？」

すぐ聞くでしょ？


こういうの、なんでしょうね。ちょっと、男性のことはわかんないですけど、女の人のほうが単純というか、しあわせに貪欲というか。

「もっとキレイになりたい、若くなりたい」という、自分の思いに正直。

だから、わたしもそうなんですけど、美容のためにこういう物を食べてます、という話を聞くと、自分はその人よりもう少し多めに食べよう、とか、ヘンなライバル意識を燃やしてですね（笑）。

そういうのが、あるから、おもしろいな、と思って。


たとえば、あなたの奥さんが若くてキレイになったら、あなたのお家のなかが明るくなっちゃう。

ダンナさんもしあわせですよね。

「ウチの嫁はいつになったら笑ってくれるんだろう」と思ってるお姑さんだって、お嫁さんがキレイになって機嫌よくしてくれていたら、うれしいじゃないですか。そこの家のお母さんが機嫌がいいって、めっちゃくちゃ、家族にとってしあわせなんですよ。

だから、ウチの母が父が亡くなった後、もし、しゅんとしてたら、ウチの兄も、わたしも心配になっちゃうんですよね。

でも実際はそんなことはなくて、母は自分の好きなように遊びに行ったり、娘のわたしといっしょに韓流のライブを見に行って（笑）。

そのうえに、「キレイになんなくっちゃ」って、ちゃんと必要な栄養を摂ってて、ホントに、すごいキレイで若くなっているんですね。

そうすると母は毎日、楽しくて、しあわせでしあわせで、しょうがないの。母に電話すると、今日はこんな楽しいことがあって、どうでこうで、ずぅーっとしゃべってる（笑）。

こういうのが、最高にいい波動、「上気元」[※]というのです。

母が上気元でいてくれるから、わたしも兄も安心していられるし、母の上気元な笑顔を見てると、ホントにしあわせなんです。

※上気元：ひとりさんは上機嫌を「上気元」と書きます。

自分を大切にする人は他人《ひと》も大切にし、他人《ひと》からも大切にされる

わたしは、いつも言うんですね、「自分をもっと大事にしようよ」って。

なぜかというと、「しあわせになりたい」と言ったときに、自分のことをホントに大事にできないと、しあわせって、つかめないんです。

そう言うと、「自分のことばっかり」って言う人がいるんですけど、そうじゃないんです。

自分のことを大切にできる人だから、他人《ひと》のことも大事にできるんです。

他人《ひと》のことばっかりね、いろいろやってあげる人がいるんですけれど。

それが楽しくて、やってるのならいいんです。

でも、一歩、間違うと。

なんて言うのかな、誰からも、軽く見られちゃう？

軽く見られるって、なんか、ヘンな言いかただな。

言葉がよくないんですけれど、いいように使い回される、というか、大切にされない、というか。

人というのは、自分が自分のことをどうやって扱うか、どういうふうに自分を見てるかで、周りの人の対応がぜんぜん変わるんです。


たとえば、「自分はいいんだ、おしゃれなんか、しなくていいんだ」とか。

常に「あたいはさー」とか。自分のことを「あたい」と言う。

それから、「そんでさー」って。

わたしも、家のなかとか、友だちとは「そんでさ」って会話しますよ。でも、どこへ行っても「あたいさー」「そんでさー」とか言ってると、周りの人はザンネンながら、レディーとしては扱ってくれません。

それって、さみしいですよね。

子どものオーラの色に影響する〝近しい存在〟

よく「あの人はオーラがあるね」って言います。

「魅力」という意味で、この「オーラ」という言葉をつかっている人が大半だと思いますが、本来、「オーラ」とは、人間のなかにある生命エネルギーと言ったらいいのでしょうか。

人間のなかにある命の輝きが、体の外にあふれ出したものが「オーラ」です。

見える人は、本当に、人の体から光が出ているのがわかるのだそうです。

上気元な人からは白い光がバァーっと出ていて、すごい、まぶしいんですって。

ところが、落ちこんでたり、暗くどよ～んとしてる人は、光が小さくなって、場合によっては光が体の外に出ていないこともあるそうです。

だから、オーラを見ていると、その人が今どんな気分で過ごしているか、とかがわかる、って言うんですね。

それと、オーラの色って、ピンクだったり、緑だったり、いろいろあるんですけれど、お母さんのオーラの色と、子どものオーラの色は同じなんだそうです。

オーラの色が同じって、簡単に言うと、お母さんの気分は子どもの精神状態に影響してる、ということなんです。

ちなみに、父子家庭の場合は、お父さんと同じ色のオーラになります。

ですから、お父さんは、ちゃんと清潔な身なりをして、カッコよくして、楽しくお仕事をしてくださいね。

お父さんだろうが、お母さんだろうが、どっちが育ててもいいんですよ。

ただし、より近しい人のオーラの色に、子どもはなるんです。

家族のなかで、子どもに対していちばん影響力があるのは、お母さん。


だから、わたし、よく言うんですね。

お母さん、あなたがしあわせじゃないと、あなたのお子さんがしあわせになれませんよ、って。

お母さんのオーラが不幸色だったら、子どものオーラも不幸色なのです。

その子どもは、類友の法則で、自分のオーラの色と同じ不幸な現象を引き寄せてしまいます。

「わたしはいいの、この子だけでもしあわせに」

と言ったって、それは無理です。

なぜなら、親のあなたのオーラが不幸色だから。

子どもはお母さんのマネをするんです。

しあわせで、いつもキレイにして、自分を大切にしてるお母さんを見習うんです、男の子も、女の子も。

だから、ちゃんとお化粧して、オシャレしてね。


昨日よりちょっと、化粧のノリがいいだけで、キレイになるじゃないですか。

そしたら、自分は機嫌がいいですよね。

奥さんがキレイになって機嫌よくしてくれていたら、ダンナさん、最高じゃないですか。

そしたら、奥さんは、そこの家の福の神なんですよ。

ダンナさんが気分よくなっちゃったんだもん。

そしたら、お母さんが福の神だったら、子どもはお母さんに感化されて、オーラの色が同じ福の神の色になるんです。

大切な人をしあわせにする方法

いつも言ってることなんですけど、ホントに、まず、自分がしあわせになってください。

自分を犠牲にして、誰かをしあわせにしよう——って無理です。

万が一、ウチの母親が不幸せだったら、わたし、気になっちゃうもん。

ただし、仮に、ウチの母が家のなかで泣いて暮らしてるとしても、わたしは母といっしょに落ち込んだりはしません。

そう決めているんです。

わたしは自分がしあわせに生きて、どんどんライブとか楽しいところに出かけて、しあわせになって、ね。

「もう、そんなに家に引きこもってたら、バカバカしいよ」っていうのを、母に見せたいですし、母の目にはそう映るでしょう。

そしたら、きっと母は泣いて暮らしてるのがバカバカしくなって、

「いつまでもこんなことしてられないわ」って。


わかりますか?


しあわせな人を見ているうちに、不幸せな人は家にいるのがバカバカしくなって、しあわせのほうに引っ張られないといけない、と言いたいのです。

ところが、たいがいの人って、「わたしだけ、しあわせになれない」って、不幸せな人といっしょになって、つらい思いをしたりして、不幸に引っ張られちゃうんですよ。

そうじゃないんです、逆なんです。

「ウチの子、家にずっと引きこもってまして、どうしたらいいんでしょう」って。

家族のなかで、あなただけでもいいんです、めっちゃめちゃしあわせになるんです。

家に引きこもりの子がいてもいいんです。

あなたは外に出て、しあわせを満喫するの。

そうすると、しあわせな、いい気分になって、家に戻ってこれる。

いい波動、楽しい光を、家に持って帰ることもできるんですよ。

そうやって楽しそうにしてると、引きこもってる子は「なんか、いいなー」って、うらやましくもあり、自分が家に閉じこもってるのがバカバカしくなって家を出はじめる、というケースが、いちばん多いんです。

だから、「まず自分からしあわせになる」というのは、そういう意味であって。

エゴとか、「我」で言ってるんじゃないんです。
ホントに、周りの人のため。
だから、自分にも周りにも、すごい、いいことなのです。

4

他人《ひと》のしあわせを願う。

あなたに、すべてのよきことが、雪崩《なだれ》のごとく起きます

最初、ひとりさんに教わったことのなかに、他人《ひと》のしあわせを願う、ということがあります。

なんだか、精神論っぽい？

ですよね（笑）。

他人《ひと》のしあわせを願うって、どういうことかというと、心から相手のしあわせを

願っていなくてもかまいません。

知ってる人にも、知らない人にも、その日あなたが出会う人、出会う人に、ある言葉を言うんです。

とてもいい台詞で、呪文みたいな言葉です。


「この人に、すべてのよきことが雪崩のごとく起きます」


知らない人に、いきなり「あなたにすべてのよきことが……」と言うと、あやしがられます（笑）。

ですので、心のなかで言ってください。

知ってる人だって同じですよ、「おはよー」とあいさつして、「あなたにすべてのよきことが……」というのじゃ（笑）。

お互い、わかってくればいいんだけど、相手が知らないのに、急にやるとビックリされるので、心のなかでやってくださいね。

わたしも昔、知ってる人、知らない人を問わず、出会う人、出会う人のしあわせを願うことをやったんです。


電車に乗ってるときも。

バスに乗ってるときも。

タクシーに乗ったときはね、運転手さんの後頭部に「この人にすべてのよきことが雪崩のごとく起きます」って（笑）。

「全員にやります!!」と自分で決めたので、全員にやりました。


自分が「ちょっと苦手だな」と思ってる、その人にも、当然やるんですけれど。

言葉だけでいいんです。

言葉だけでもいいから、「この人にすべてのよきことが雪崩のごとく起きます」と言ってるうちに、なぜか、苦手な人が苦手じゃなくなっちゃう。

自分の人生に、苦手な人があまり出てこなくなっちゃう。
そういう体験をする人が、非常に、とっても多いです。

神さまのお試し

わたしが、まるかんの仕事をはじめた頃の話です。

ウチの事務所の前に車が停まると、決まって、

「ジャマだから車をどかせ！」

怒鳴り込んでくる男性がいました。


わたしは「わぁっ、きた」って思ったんです。

というのは、ちょうど、そのとき、わたしは、出会う人、出会う人、全員のしあ

わせを願うと心に決めて、毎日、「この人にすべてのよきことが雪崩のごとく起きます」と言う練習をしていました。

「覚悟をすると試される」と言いますが、実際、出会う人、出会う人、全員のしあわせを願いはじめたら、例の男性が怒鳴りこんできた。

ということは、誰にでも「この人にすべてのよきことが雪崩のごとく起きます」と言えるかどうか、今、試されるんだな、って思ったんですね。

でも——。

自分の部下を、言われなきことで怒鳴りつけている男性のしあわせを願うなんて。言葉だけでも言えばいいんだ、って、何度も自分に言い聞かせても、その男性に「この人にすべてのよきことが雪崩のごとく起きます」とは言いたくない。

けれど、全員にやるって決めたのに、この男性にだけ言えないのか、と思うと、くやしいんですよ（笑）。

じゃあ、どうやったら言えるかな?――ひとりさんに相談したら、

「まず、『この人のなかの真の魂に申し上げます』と前フリをして、それから、『この人に、すべてのよきことが雪崩のごとく起きます』って言えばいいんじゃん」って。

今この男性はまだ気がついてないけど、この人の心のなかの奥の奥に、キレイな真の魂があるから、その本当の、「真の魂に申し上げます」と言ってね。

そして、真の魂に向かって、

「この人にすべてのよきことが雪崩のごとく起きます」と。

そんなふうにして、その男性のしあわせを願っていたら、何日かして、その人、ウチの事務所にこなくなりました。

自分っていいヤツじゃん

他人《ひと》のしあわせを願う。
今まで、通りすがりの人のしあわせを願ったことありますか？
おそらく、ほとんどの方はないと思います。
わたしも、ひとりさんから教わるまで、そんなこと、考えたこともありませんでした。

そんな自分が、出会う人、出会う人の、しあわせを願うんですよ。
知らない人にもやるワケでしょう。

なんかね、自然と心が豊かに、すっごい心が豊かになるのね。

そうするとお顔が、ものすごく人相学的に豊か～な、お顔になってくるんです。


それともう一つ。

自分のことをあんまり好きじゃない、と言ってた人も、

「この人に、すべてのよきことが、雪崩のごとく起きます」

って、やってるうちに、

「あぁ、自分っていいヤツじゃん」

と思えてくるんですね。


だいたい、「自分って、ダメじゃん」と思ってるから、好きじゃないんですよ、自分のことが。

ハタから見れば、あれもできるし、これもできるのに、どうしてダメなの？　と

思うけど、勝手に本人は「自分はダメだ」と思っちゃってる。

それって、自分がなにか、もっと、できるようになりたい、と思うから。

もっと上を望んで、望み通りにならなかったからって、勝手に自分のことをけなしてる、と言うのかな。

そういう人が多いんですね。


でも、ホントに、他人《ひと》のしあわせを願ったり、いろんなことをやってる自分を、客観的にね、見たときに、

「あ、自分ってまんざらじゃないじゃん、いいヤツじゃん」

って、思えてくるんですね。

ひとりさんの詩《うた》「人生は波動」

ひとりさんからもらった詩で、「人生は波動」というのがあるんです。

人は愛と光
曼荼羅《まんだら》は無限の宇宙
成功はやすらぎ
人生は波動

わたしのために、この詩を創ったたんじゃないんですよ、ひとりさんは。

もう、何年も前に、ひとりさんが「こういう詩を創ったんだ」って、見せてくれたんです。

そのとき、わたし、ひとりさんにお願いしたんです。

「お願いだから、この詩をわたしにください」って。

なぜかというと、この四行に人生のすべて、宇宙の摂理が凝縮されているから。

絶対、この詩を超える詩はないと思ったから、「わたしにください」って。

ひとりさんは、「そこまで、この詩の意味をわかってくれるなら」って、この詩をわたしにくれた。「はなゑちゃんの詩にしていいよ」って。

だから、無理矢理、わたしの詩にしたんですね（笑）。

だって、本当に、人生は波動だから。

波動ってなんですかって？

波動とは、人の想いが醸《かも》し出すムード、と言うか。

ほら、よく「あの人とは波長が合う」とかって言うじゃないですか。

あの人と波長が合う、合わない、と言ったときの波長が、波動です。


ひとりさんからもらったあの詩のなかに、しあわせだとか、人生の成功、ぜんぶ、入っているんです。

人生の成功とか、しあわせというのは、経済的に豊かになったり、社会的に成功した結果、得られるものではありません。

まず、波動が先なんです、あなたがなにを想い、どんな波動を出しているか。

波動通りの人生を引き寄せるんです。

ですから、豊かな波動を出している人に、豊かさがくる。


だから、しあわせになりたいなら、「この人に、すべてのよきことが、雪崩のごとく起きます」と言うといいよ、って。

あれの最大の目的は、自分の心を豊かにする、ということなんです。

他人《ひと》のしあわせを祈る、豊かな波動になっちゃうと、その波動通りの人生がくるから、実は自分がいちばん豊かになる、というワケ。

だから、ひとりさんが教えてくれていることは、結果、あなたがそうすることによって、あなたが本当にしあわせを手に入れるようなことを、教えてくれているんですね。

ひとりさんが教えてくれた〝人生のルール〟

みなさん、人生のターニング・ポイントがいくつかあると思うんですけど。

わたしの人生で、最大のターニング・ポイントは、やっぱり、喫茶店をやっているときに、ひとりさんに出会ったことなんですね。


昔からあるじゃないですか、宿命論とか、運命論とか言われている考えかた、「この世に生まれたら、人生が決まってるんだ」という考えかたが。

わたしは元々、そういう考えかたが、大っ嫌いなんです。

もし、決まってるんだとしたら、生まれてくる意味ないじゃん、って。

自分の人生を切り拓《ひら》いていく人生のほうがいいわ、と思ってて。

でも、現実に切り拓いていけるのかどうか、わたしには確証がなかったんですね。

そしたら、ひとりさんが、わたしがやっていた喫茶店に現われて、教えてくれたんです、〝宇宙の摂理〟とか、〝人生のルール〟を。

結論から先に言っちゃうと、今よりちょっとでも自分を高めていこうという人間は、人生を切り拓いていける、って。

〝さだめ〟は変えられる、って。

自分は、前世に、こういうロクでもないことをしたから、今世、こういう人生でしょうがないって、自分の人生をあきらめてる人がいるとしたら、そんなバカな考えは、もう、改めるべき。

なぜって、その考えかただと、人生って罰なんですよね。

前世、自分がしでかしたことの罰を受けるために、今世、生まれてきたと、あなたは思ってるんですよね、って。

でも、ひとりさんは「それ違うよ」って。

自分が前世でこんなことをやったから、因果応報で、自分は今世でこういう経験をして、罰を受けてる——ではないんです。

そんなことは決してない、神は人に罰を与えないんです。

神さまは、そんな意地悪なことをしないんですよ。

確かに、わたしたち、前世に間違いをしています。

わたしもしています。

みんな、しているはず。

人というのは、何度もなんども生まれ変わりながら、自分の魂を成長させていくんです。

前の自分は、今の自分より未熟だったんだから、誰かにつらい思いをさせたときもあるし、ね。

人を殺してしまったこともあると思うし、殴ったこともあると思います。

でも、自分がこんなことをして、どんなに相手がつらかっただろうなとか、人の痛みがわかったとき、

「もう、そのことは卒業」

って、神さまは見てくれるんです。

言いかたを換えると、人間らしい、やさしい気持ちを、愛を、眼の前の人に出していくことを学ぶために、人は何度も生まれてくるんですけれど。

そのなかで、「人をゆるせる」ということが、最大の修行なんです。

どんな事情があろうと、人をゆるすことができるようになったときに、いろんな因果が消えるんですよね。

そして、人をゆるせる人間になるよう、魂の成長をうながしてくれるのが、他人《ひと》のしあわせを願うことや〝天国言葉〟とか、ひとりさんが教えてくれていることなんです。

ゆるせない色のオーラ

昔、キリストが言った言葉で、「豊かな人はさらに与えられ、貧しき者はさらに奪われる」という難解な言葉があります。

あの言葉は、どういう意味ですか?――って、ひとりさんに質問したんですね、昔。

そしたら、ひとりさんは、すぐ「あれはね」って、こたえてくれました。

「豊か」と「貧しき」それぞれの上に「心が」って入れてみな、って。

そうすると、答えが見えるから、って。

さっそく「心」を入れてみました。

心が豊かな人はさらに与えられ、心が貧しい人はさらに奪われる。

これが宇宙の摂理です。
しあわせを、わたしにちょうだい、ちょうだい波動では豊かになれません。
そうではなくて、「いま、自分がしあわせだ」ということをかみしめて味わうんです。
そしたら、もっと、しあわせを、宇宙がくれる。

だから、「あの人、しあわせになってもらいたいなぁ」って。
言霊が先だから、誰でもいいんです。
出会う人、出会う人のために、「この人に、すべてのよきことが雪崩のごとく、起きます」と言っていればいい。

この人にいいことが起きてほしい、しあわせになってほしいな、って、何人も、何人にも祈っているうちに、実は、他人《ひと》のしあわせを願う豊かな波動が自分に染みついて、結果、自分がしあわせで豊かになるんです。

もう一つ言うと、ゆるせない人がいる間は、決してしあわせになれません。

なぜなら、「ゆるせない!!」って言うときって、たいがいは自分のどこかが、ゆるせない。

自分を嫌っていることが多いんですよ、魂的に。

自分のことが大好きではないので、なかなか、しあわせになれない。

わたしは以前、「自分をゆるす」というテーマで講演して回ったことがあるのですが基本的に、自分のことが好きじゃないと、なかなか、しあわせにはなれない。

いや、「なかなか」じゃないですね、絶対しあわせになれない。

その、しあわせになれない原因に、ゆるせないものが心のなかに、あったりするんですよ。

ゆるせないのは、他人《ひと》かも知れないし、自分かも知れないけど。

その気持ちが溶けない限り、なかなか、しあわせになれない。

なぜなら、「ゆるせない」という波動が自分のなかにあるから。

オーラの色が「ゆるせない色」だから。

他人のしあわせを願っている自分がしあわせ

他人《ひと》のしあわせを願う、というのは、出会う人、出会う人、知ってる人にも、知らない人にも、

「この人に、すべてのよきことが雪崩のごとく起きます」

という言葉を唱えること、と言いました。

でも、この形にこだわる必要はありません。

なになにさんがしあわせでありますように、という、通常の、みなさんがふだん何気にやっているお祈りで、もちろんＯＫです。

そう言えば、最近〝祈る〟という行いが、祈った人にどんなメリットを与えるか、科学的検証が進められているようですね。

嫌いな人に悪いことが起きますようにと、呪いチックなことを思っていると、ストレス物質が出てくるんですって。

このストレス物質が脳内でたくさん出てしまうと、血圧があがったり、脳の記憶にかかわる部位が委縮してしまうそうです。

ところが、他人《ひと》がしあわせになるようにお祈りすると、めっちゃくちゃしあわせでワクワク、要は上気元な状態を引き起こす物質が脳内に出てくるんですって。

だから、わたしは最近、こんなことを言ってるんです。

ふだんから、愛と光と忍耐の境地（やさしくて明るく居続ける）で他人《ひと》のしあわせを祈っている人は〝いいこと〟をいっぱい自分にお願いしていいんです。

なぜかというと、明るく上気元で愛があって他人《ひと》のしあわせを祈っていると、願いが叶いやすいんです。

たとえば、これは実際にあった話なのですが、ある女性の弟さんが交通事故に遭われて、ＩＣＵ（集中治療室）で治療を受けることになったんです。ドクターから、しばらくＩＣＵから出られないと言われてたんですけど、その方が弟さんのところに行って、回復を祈ったんですって。

そしたら次の日には、弟さん、もう、集中治療室から出られたんですよ。

日ごろ、ひとりさんの教えを学んでいる人は、愛と光と忍耐で、上気元にしているから、願うパワーが強いんですね。本当に。

ビックリでしょう。

でも、みなさんのなかに神さまがいるんだし、ふだんから、自分にも周りにも〝いいこと〟をやっているんだから「キレイになりたい」とか、いくらでも望んでください。

キレイになりたい、しあわせになりたい、豊かになりたい、仕事を成功させたい、いい友だちを増やしたい。

いっくらでもいいんです。

そんなの、いくらでも望んでください。

頭がよくなりたい、なんでもいいんです。

それはすごく、いいことで、神さまも「いいんじゃなーい」って。

祈りの奇跡

愛と光と忍耐の境地で、他人《ひと》のしあわせを祈る。

そういうボランティアを、わたしたちはやっているのですが。

「やりたい人は、いっしょに、やりましょう」

って、ちょっと呼びかけたら、感動しました。

賛同してくれるお仲間が各地にいたんです。

「わたしも、愛と光と忍耐の境地で、他人《ひと》のしあわせを祈るボランティアをさせてください」

と言う、「実践ジャー」の方たちが、どんどん、増えてます。

その数、現在、なんと七〇〇〇人以上。

すごいですよね。ボランティアで、ですよ。

けれど、天は、そういう愛と光の実践ジャーに、ただ働きをさせないんですね。

講演で各地を回っていると、最近は、愛と光と忍耐の境地で他人《ひと》のしあわせを祈る実践ジャーのみなさんから、「こんな〝ついてること〟があったんですよー」という話をうかがうことがホントに多いです。

たとえば、ある人が東京に遊びにきたときに、偶然、ひとりさんと会えて、「いやぁ、よかった、ついてる、ついてる」と喜びながら地元に戻ったら、欲しかったけど、あきらめていた子どもを、妊娠してることがわかったそうです。

話はまだ終わってません、この後がすごいんです。

この方の地元には、昔、かわいそうな亡くなりかたをしたキリシタンがいたり、「ここは浄化したほうがいいな」というところがあるから、そういう場所を仲間たちといっしょに回って、成仏を祈ったんですって。

そしたら、その人のケイタイに仕事の電話がかかってくるんですって。

一か所、一か所、亡くなった人に祈りをささげる度に。

電話がかかってくると、お客さまと商談する約束がとれちゃうんですって。

言い忘れてました。愛と光と忍耐の境地で、他人《ひと》のしあわせを祈る実践ジャーのみなさんは、もちろん、眼の前にいる人、離れた場所にいる家族や友人・知人のしあわせも祈っているのですが。

一度も会ったことがない人からの依頼でも、その方のお身内のしあわせをボランティアで祈っています。本当に素晴らしい人たちです。

次に紹介する方もそういう事業家の方です。

愛と光と忍耐の境地で、他人《ひと》のしあわせを祈る実践をはじめてから、この不景気のさなか、とんでもなく売上を伸ばしました。

業界ナンバーワンなんですって。

その方の会社は海外にも工場をもっていて、現地の人を雇い入れているんですが、現地の従業員にも、いい仕事をしてもらいたくて、愛と光と忍耐の境地で他人《ひと》のしあわせを祈る実戦ジャーになってもらったんですって。

そしたら、仕事がすごい順調だ、って。

いまだかつてない売上なんだそうです。


愛と光と忍耐の境地で他人《ひと》のしあわせを祈ったら、仕事が順調にいって、いまだかつてないぐらいの売上をあげたとか、お客さまがひっきりなしに来店するとか、そういうケースが本当にすごく多いんです。

それから、体の調子もすこぶるいいとおっしゃる方も大勢います。

でも、いちばん多いのは、精神面。

みなさん、気持よくなって、すごい前向きになりました、とおっしゃいます。

波動がまったく、豊か~な波動に変わってしまうんです。

そうすると、人生も変わってきちゃう。自分だけでなく、周りの人の人生もよくなってしまうのです。


他にもいろんな体験談をもらっているんですけど、どれもこれも、ふつうだとちょっとありえないような、奇跡の実話なんですね。

それはきっと、みんな素晴らしい方たちだから、神さまが奇跡を起こしてくれたんだ、ホントに神さまっているんだな、って思うんです。

5

〝見た目〟が変わる、人生が変わる。

周りからどう見られているか

ひとりさんはよく「不幸な人は全力で不幸になってるんだよ」って言います。

どういうことかというと、なかなか、しあわせになれない人というのは、まず日常会話が〝地獄言葉〟。それだけではありません。

人相学的に、つやのない顔のことを「貧相《ひんそう》」と言うのですが、しあわせになれない人は見事に貧相なんです。

髪型や洋服を見ても、豊かさを感じられません。

なにを言いたいのかというと、人生って、周りの人からどういうふうに見えるか、どういう印象をもたれてるかが、すごい大事なんです。

人は、初対面の人と相対してたった三秒で、「この人、いいな」とか、「仕事できそうだな」「笑顔がやさしそうだな」「細かそうだな」とかいう第一印象を作り上げるといわれています。

自分は初対面であまりいい印象を与えられなかったから、明日から相手の印象をよくしよう――って、第一印象をくつがえすのには時間がかかるんです。

第一印象って、それぐらい脳に深い刻印を残すから、言葉と同じぐらい、「見た目」はとっても大事。

ですから、身だしなみを、ちゃんとしてね。

女性はお化粧もしましょうね。

わたしがメイク講座などで誰かにお化粧をしてさしあげるときは、顔につやがあって明るくて、しあわせそうに見えるメイクをするようにしています。

ふだん、ノーメイクの方は、口紅をつけるだけでもいいんです。

口紅をつけることができたら、今度はファンデーション。ほら、口紅だけより、うんとキレイでしょう。

そんなふうに、自分をキレイにするのを楽しんでいっていただけたらな、と思います。

それから、立ち居振る舞いであるとか、歩きかたでも、ホント、周りに見られている、ということをちょっとだけ意識するといいんです。

意識するだけで、立ち居振る舞いでも歩きかたでも、見違えるほど、素敵になりますよ。

〝見た目〟に引っ張られて、しあわせと豊かさがくる

ひとりさんと知り合って、最初に教わったことは〝見た目〟のことでした。

「しあわせで豊かそうな人の顔、着ている洋服、バッグなどの持ち物、立ち居振る舞いをマネするんだよ、はなゑちゃん」

外見のなかでも、「顔」は他人《ひと》と相対したときに一番最初に目がいくところ。

相手に好印象を与えるには、まず笑顔であることが大切。

そしてもう一つ、絶対なくてはならないものが「つや」です。

どんなに〝いい人〟でも、顔に「つや」がないと、なにをやっても、なぜかウマくいきません。

でも、「つや」がある顔は、人相学では「福相」と言って、しあわせなことを引き寄せる、いい人相なんです。

芸能人でもなんでも、テレビの画面を見ていて、この人、いい「つや」してるな、という人は、仕事でもなんでも、毎日が充実してますよね。

だから、よく「脂がのってる」とか言うじゃないですか。

顔が脂ぎってる、とかじゃないですよ（笑）。

顔にキレイな輝きがあるんですね。

ですから、お顔につやがない方は、キレイな輝きを、人工的にでもいいから出すといいですよ。天然のオイルをつけたり、油分を補うクリームを塗ったりすると、簡単にお顔がキレイに輝きますから、やってみてください。

華やかな格好で、華やかな人生を引き寄せる

〝見た目〟に関して、もう一つ、ひとりさんに教わったことがあります。

それは、「華やかに」ということ。

華やかな格好をする。

とくに女の人は、花として生まれたんです。

花は花らしく、オシャレを楽しんで、着飾っているとしあわせになるんです。

決して高価な服を買う必要はないんです。

キレイな色の洋服を着て、キラキラのアクセサリーとか、身に着けてね。

ちなみに、アクセサリーのキラキラ光る石は、イミテーションでもＯＫです。本物の宝石じゃなくていいんですよ。だいたい二〇〇〇円～三〇〇〇円で売っています。

ただ、石の大きさは、ちょっと離れたところからでも、なんか光ってるな、というのがわかるぐらい、おっきい石のほうがいいんです。

とか言って、わたしも最初は、ぜんぜん目立たない小っちゃいのを、つけてたんですよ。

最初の頃は、馴れてなかったからね。

ピアスも、ピッていうのが「かわいいなぁ」なんて、思ってたんですよ。

だけど、やっぱり、周りのお友だちといっしょに華やかにしてくると、段々、目が慣れてきちゃって、ちょっと程度じゃ物足りなくて（笑）。

まるかんの社長たちって、すごい華やかにしてるから、どこへ行っても目立つんですよ（笑）。

どこかで待ち合わせすると、絶対、いちばん目立つ人が、仲間なんですね。そういう人たちの間にいると、なんていうのかな、地味にしてられない？　おとなしくしていられない？　違うな（笑）。

要は、同じような感覚のものを身に着けるようになったり、着るようになったり、してくるのね。

だから、馴れですね、コレは。

こういう光ものもね、不思議なんですよ。つけるのが恥ずかしかったり、「わたしはつけられない」って言う人がたまにいるんですけど。

「あー！　それ、いいな、わたしも欲しい」

とか言って、光《ひかり》ものをパッとつけられる人のほうが、運勢がすぐ開けて、簡単にしあわせの道へ行くんですよ。

アクセサリーをつけるとか、ほんの小さな勇気で効果は絶大。

自分も家族も運勢がよくなるなんて、最高ですよね。

花として生きる

華やかな格好をすることが苦手な人というのは、簡単に言うと、別に理由はないんですね。

たいがいは、家族が地味だったとか。

おかあさんが、あんまり華やかな人じゃないとか。

おばあちゃんもお母さんも、なんて言うの？　渋い色の服ばっかり着てるとか、アクセサリーもほとんどつけない。

そんなふうだと、ちょっと小っちゃい石の指輪してただけで、「なに、あんた、そんなのして」みたいなことを言われちゃって。

言われたほうも「あ、そっか、そうなんだー」みたいな。

でも、華やかなお友だちができると、お友だちといっしょになってオシャレしていくから、それはいいと思うんですよね。

そのとき、お母さま方は、お子さんがね、華やかなのを着たがったりしたら、いいことだと思ってください。

それと、男の人には、ゴメンなさいね、言いたいことを言っちゃうんですけど(笑)。「地味で、目立たない女の人が好きだ」と言う男性を、わたしは信用しません(笑)。なぜって、自分の奥さんとか、彼女がキレイで華やかなほうがいいじゃないですか。

みんなが「あぁ、素敵な女性だな」って、自分の奥さんとか彼女を見ていたら、パートナーとしては鼻高々、という感じで、いいじゃないですか。

それなのに、たまーにいるようですね。

ちょっとね、マニキュアつけたり、口紅したら、「おまえ、会社に、なにしに行くつもりだ」って。そんなことを言う男の人って、誰かに取られちゃうような気がしているのか、よっぽど自分に自信ないいんだと思うんですよ。

もしね、自信のない男性とはおつきあいしたくないのなら、日ごろから、華やかで、キレイにしていることです。

そうやって自分を大事にしてる女の人のことは、必ず、周りの人も大事にしてくれるし、男性とのご縁も、周りに大事にされている女性にふさわしい、ちゃんと自信持った男性しか現れません。

自分に自信がない男性に「この人に声かけたら大丈夫そうだな」って思われるよりね、自信満々の男性に「あぁ、素敵だな」と思われたほうがよくない?

そのほうが、女冥利《おんなみょうり》につきると思いますよ。

貧相の運命をくつがえした〝女性〟

成功している男性がいました。

その男性の顔を見て、ひとりさんが「アレ？」という表情をしたんです。

実は、ひとりさんという人は、人相も診るんです。

ちなみに、ひとりさんの診たてでは、その男性は「こんなに成功するような人相ではない」ということでした。

それで、ひとりさんは「おかしいな」と言っていたんですけれど、しばらくして、
それだったら成功するよな、って。

どういうことかというと、いたんですね。

家に、福の神が。ふくよかーな、でも、別に太っているのではないですよ。見るからに豊かそうで、華やかーな奥さんがいたんですって。

ですから、女性は福の神になればいいんです。

福の神になったって、なにも、家でじぃっとしていなきゃいけない、というのではないんです。

自分が外に出て働いてもいいし、家にいたっていいんです。

大黒さまの像だって、別に、持ち歩いてるワケじゃない。お家の床の間とかに置いといたら、いいじゃない？

それと同じで、福の神というは、人間の場合はね、出歩くこともあるし、働いてることもあるんですけど。

家にいようが、働きに行こうが、女性は、福福《ふくぶく》しいほうが家族のためになるのです。

だから、見た目、「長屋チック」。ごめんなさい、長屋チックだなんて。

でも、髪の毛を結ってても、この辺、もうちょっと、きちっと結わいたほうがいいかな、みたいな人いるんですけど。

豊かでしあわせな人、豊かでしあわせな人生を送りたい人だったら、ありえない格好をしちゃいけませんよ。

見た目だけでも、しあわせで豊かそうに見えるようにしよう——って、日々、心がけていると、しあわせと豊かさが後から、ついてくるようになっていますからね。

ですから、この本を読んでる男性さまは、自分の彼女、奥さまが華やかでキラキラしてキレイになることを喜んでください。

そして、ご自身も身だしなみとして、清潔を心がけてくださいね。

「オレは、ちゃんと毎日、風呂に入ってますよ」って、毎日入ってるように見えなきゃダメなんですよ（笑）。

清潔にワイシャツも、毎日取り換えてるようにね、見えなきゃいけない。「オレ、こう見えて、ちゃんと取り換えてるんですよ」って、シワがよってて、毎日取り換えてないように見えちゃダメなんですよ。

お願いしますね。

キレイは魔法

女の人はね、ホントに、変わりやすいです。

どういうことかと言うと。

どんなに暗い家庭だろうが、どんな職場だろうが、なんだろうが、自分がひとたびキレイになっちゃうと、すっごい、しあわせな気持ちになっちゃう。

そうすると、家のなかで一人でいても、機嫌よくなっちゃうとニヤニヤしちゃったりね。

それからね、こういう経験、身に覚えないですか？

キレイな衣装を着て、メイクもばっちり決まると、「もうちょっと、ゆっくり帰ろうかな」みたいな（笑）。

この前もいらっしゃったけど、メイク教室とかに来ると、まっすぐ家に帰りたくない、って言うんですよ。

用もないのに、何か所もコンビニ寄った人とか、いましたよ（笑）。

そうやってね、女性はキレイになった自分を、誰かに見せたいの。


花というのは、そういうもの。

見られてナンボですから。

いいんですよ、結果、自己満足でも。

しあわせなら、周りの人もしあわせなんだから。


ですから、ご主人、わかりますよね。

奥さんの機嫌が悪いのと、機嫌がいいのとでは、家のなかが、たいへんな違いですよね（笑）。

いや、ホントなんですよ。

もっと言うとね、奥さん、しんきくさい顔して家にいるぐらいなら、外へ遊びに行ったほうがいいです。

家が面白くなかったら、外に遊びに行けばいいんですよ。


なんか、申し訳ないと思って、家にじっといるけど。

何年もそれをやってても、ウマくいかなかったんだから、そのやり方は間違ってるんです。

家でじっとしていることが正解なら、とっくの昔に、ウマくいっているのです。


「もう、こんな、退屈で面白くないとこ、いられないわ」

って自分から遊びに行っちゃえばいいんですね。

別に法律でダメだ、って決められてるワケじゃないんだから。

女性、女の人ね、なんか、なんだろうね。

なんとなく、良妻賢母じゃなきゃいけない、とかって自分で決めてるみたいなところがあるんですけど。

本当の良妻賢母って、家族が豊かで、しあわせなこと。でも本当に家を出たからって、ホントに法律に触れるワケじゃないから。


それよりも、家のなかから自分一人でもいいんです、会社のなかから一人でもいいから、あなたが、めっちゃくちゃしあわせに、突き抜けちゃう。

そうするとね、あなたを目指して、引き寄せられるように、周りの人がいいほうへ、しあわせなほうへ変わっていくんです。

それが人生なんです。宇宙の法則なんです。

わたしも太陽、あなたも太陽

でね、ひとりさんが、いつも言うことは、
「勝手に自分だけ、しあわせになりな」
って最初は言うけど、ホントの意味はね。
あなたがウマくいってない現状から、抜け出したとき。
ポーンって、突き抜けてしあわせな人間になったときに、周りにいた不幸な人は
ソウルメイトだから、つられて変化が起きるんです。
考えかたも波動も変わってくるし。
そうすると、どうなるかっていうと、周りはあなたに自分を合わせてくるの。

あなたにつられて、しあわせになってくるんです。

だから、あなたは太陽になればいいんです。

なにを言いたいんですか？　って、どんなに暗い人がいても、太陽が暗い人に影響されて、ちょっと翳《かげ》っちゃうとか、ってないでしょ。

みなさんが一人ひとり、太陽なんです。

しあわせで生きるというのは、「愛と光」でいること。

太陽そのものなんです。

あなたの光が闇を消す

自分がしあわせに生きて、太陽になる。

家のなかで、自分だけでも太陽でいれば、たった一人でもしあわせな人が増えたなら、そこの家にとっていいこと。家のなかが明るくなりますからね。

逆に、家に帰ると暗くなっちゃうようなら、外に出たほうがいいです。

周りの暗さに引っ張られちゃうぐらい、自分の意志が不安定なんですもん。

その暗い場所から離れないと、自分がしあわせになれない。

いったん出て、もう完全に、「しあわせでたまりません！」って言うぐらい、しあわせになって、なにを言われても平気なときにしか家に戻っちゃダメです。

自分の波動を下げるのが、いちばんよくないことなんですよ。

だから、ぜんぜん、もう、その人たちのことを気にしないで、あなたがしあわせになって、家に帰ったときに、みんなが「はっ」と見て、自分たちの不幸さにバカバカしくなったときに、こっちの勝ちです。

闇の人間が、こっちの、陽の人間に引き寄せられる。しあわせになりはじめる。

だから、まずね、自分がしあわせになって。

よくニュースでやってますよね。

おぼれてる人を助けようと思って、助けようとした人も死んじゃったり。

誰も助からなかったら、どうしようもないですよね。

ですから、他人《ひと》を助けようと思ったら、、まずガッチリ自分の胴を大木かなんかにつなぎます。

そうやってガッチリ大地に足をつけてから、助けるんです。

そこまでの準備ができなかったら、なかなか人を助けられないんです。

わかりますか?

とくに人間関係のことは、ホント、ダメなんです。二人とも不幸になってしまうんです。

このことは、覚えておいてください。

6

苦労は間違い。

うれしい激変

この前、仲間たちが地方で小さい講演会みたいのをやっていて、それに参加してきました。

会場で、ある女性と再会したんですけど。

彼女の、あまりの激変ぶりに、わたしも驚いたんです。


その女性はね、五〇代ぐらいなのかな？　社長夫人なんです。

その人と、最初、会ったとき、彼女はマイナスなことばかり言ってたの。

あだ名が「メガミ」って言うんですけど。

メガミさん、わたしとはじめて会って、開口一番ね、「質問していいですか?」って言うんです。

「なんですか?」って聞いたらね、「派遣の仕事をしてるんです」って。あっせんするほう。経営者さんですね。

それ以外にも、ダンナさんが何個か仕事してるんですって。

そして、メガミさんがこんなことを言ったんです。

「このご時世だから、仕事が段々減っちゃって。どうしたらいいんでしょう」

これ〝地獄言葉〟ですよね。

それで、すごい地味な格好をしてて、とても社長夫人には見えないのね。

そして、わたしの前にきて、そうやってこうやって、それでねって、暗い顔して、「ウマくいかなくってー」って。

わたしが「ひとりさんの、天国言葉とか、教わったでしょ」って言うと、「えぇ、やってるんですけどー」みたいな返事だったんです。

わたしは、あぁ来たな、って（笑）。

で、メガミさんに言ったんです。

「あのね、はじめて会ったわたしに、そうやって会社がウマくいかないっていう話をしてるじゃない？」って。

「はい。でも、ホントにそうですから」とメガミさん。

「あのね、わたしに言うぐらいだから、自分の社員にも言ってるし、どこにでも言ってるでしょう」

「はい」


まだ、気づいていないメガミさんに、わたしは、こんな提案をしてみました。

わたしだったら、せっかく、ひとりさんの勉強しているんだから、自信をもって、派遣先の社長さんにこう言います、って。

「ウチの派遣の子たちは、あなたの会社に行ったら、絶対プラスの言葉で、仕事をテキパキやって、職場をホントに明るくします。ホントに、いっしょ懸命やる子たちなんで、ウチの子たちを選んでください」って。

「メガミさん、あなたもね、自信もって言ってみたら？」と。

心の奥の奥に入った〝言葉〟

先程のメガミさんの話の続きです。

「ウチの派遣の子たちだったら、あなたの会社のお役に立ちますよ」

そうやって自らアピールしなかったら、誰があなたの会社に仕事を頼みますか？

自信をもって、「ウチはあなたの会社のお役に立ちます」と言うために、指導者のあなたがやるべきことは、自分のところの派遣の子たちを集めて、プラスの〝天国言葉〟を教えたり、「会社の役に立つことをするんだよ」とか、笑顔を教えたり。

そういうことするのが仕事なのに……。

「『たいへんなんですよ、ウチも』と言ってるだけだったら、悪いけど、わたしも、あなたの会社に派遣さん、頼まないわ」

と、わたしはメガミさんに言いました。

そして、このとき、たまたま、ひとりさんも同席していたので、「ひとりさん、どう思います？」って、ひと言、お願いしたんですけれど。

やさしい人なので、「絶対、大丈夫」とか言ってあげるのかな、と思ったら、言わないんです。

では、ひとりさんは、なんと言ったか。

「仕事っていうのはね、傾きかけたら、もう、どうしようもないことがあるんだよ」って。

「要するに、事業はいったん傾くと、どんどん倒れていってしまうものだから、こうすればウマくいくなんて保証は、ハッキリ言って、一つもないんだ」と。
「真剣に取り組みさえすれば誰でも必ずウマくいくようなものじゃないんだ、誰だって必死にがんばってるんだよ」と。

そして、ひとりさんはこう言ったんです。

「ただハッキリ言えるのは、今、あなたが言ってたみたいな、マイナスの言葉、不安になるようなことを口に出しながら、ウマくいくことは一〇〇%いや、二〇〇%ない。早くつぶれることはあっても、善くなることはまずない」って。
「じゃあ、ちゃんと〝天国言葉〟とか、ひとりさん流をやった場合、ウマくいきますか?」というと、ひとりさんは「わからない」って。

「事業というのは、そんなに甘いものではないからね。でも、今のままだと早くつぶれるのが、〝いいこと〟してれば、ゆっくりになるだろうな。ま、自分で考えな」

このときの、ひとりさんの言葉が、ストーンと彼女のなかに入ったんだと思うんです。

それから一〇日後に催された、わたしのバースデーパーティにやってきたメガミさんはもう別人でした。

自分がしあわせで、周りもしあわせになること

バースデーパーティで会ったメガミさんは、いかにもセレブ！　という格好をしていました。

わたしが、「その毛皮、いいじゃない、キレイだし、似合うよ」と言うと、メガミさんはニコニコしながら「ありがとう」って。

そして、「わたし、ホントにね、気持ちを変えたの」

メガミさんはそう言ったんですね。

そして、その後、奇跡が起きました。

一つは、彼女がお家の福の神になったこと。

そしてもう一つは、周りの人に〝地獄言葉〟を出していたメガミさんが、人が喜ぶことをはじめたんです。

自分がキレイになって元気になった方法、ひとりさんから教わった、人生をしあわせにする方法を、家族や友人、出入りの銀行の人にまで、一〇〇人もの人に伝えたのです。

銀行の人も、ひとりさんのファンになって、ひとりさんの言葉を壁に貼っているそうです。


それから一か月ぐらい経って、地方にいる仲間たちが催した、小さい講演会でメガミさんと再会したんですけれど。

彼女は、もう、すっごいキレイになっちゃって、いちばん光ってるくらいだったんです。

ファッションも、社長夫人らしく、とっても素敵でね。
白の、キュッとしまったサブリナパンツみたいなのに、ヒールを履いて、髪の毛をキュっと上にあげて髪飾りつけて、きれいなアクセしてて。

「メガミさん、すごいキレイじゃない」
って声をかけたんですね。
そしたら、「もうね、しあわせで、しあわせでしょうがない」、って。
最初会ったときは、うつっぽかったらしいんです。
だから、暗い顔をして、否定的なことばかり言ってたんですけれど。
ところが、今では言葉も変わったし、顔もしあわせそうな笑顔に。
さらに、仕事がめっちゃくちゃ順調なんですって。
いまだかつてないぐらい順調で、すごく儲かってるんですって。

「主人が車を買ってくれたんですよ」

とメガミさんは言ってて。

そう言えば、彼女、ダンナさんからプレゼントされた、黒のＢＭＷに乗ってきてましたね。

講演会には、ご主人と、お子さんたちやお孫さんも連れてきてたんですけど。

お子さんたちが言うには、お母さん（メガミさん）がしんきくさいこと言ってるときは、家じゅう、もうダウンだったんだけど、今は率先して明るくてキレイで、楽しくしてるそうなんです。

仕事も、営業をバリバリやっちゃって、すごい仕事が楽しくてやってる。

母親の変貌ぶりを目の当たりにして、息子さんも、娘さんも、みんな、「ひとりさん流を学びたい」と言って、いっしょになって講演会に参加してるんですね。

そうそう、講演会にきていた、メガミさんの息子さんが、二一歳のイケメンなんですけど。

その息子さんが、わたしを見て、メガミさんになにか言ってきたそうで。メガミさんが後で、「こういうこと、はなゑ社長に言っていいものかどうか、アレなんだけど、いいですか」と言うから、「言ってください」ってお願いしたんですけど、メガミさん、なんて言ったと思います？

「ウチの息子がね、はなゑ社長を見て、『ストライクゾーンだ』って」

キャッ、わたし、まだまだ行ける！　と思って（笑）。

実は、これが、いちばん言いたかった（笑）。

天の声はもう届いてる

苦労が間違ってる、という話をしますね。

ひとりさんがいつも言うんです。

苦労というのは、あなたが間違ってるというお知らせで、神さまの愛なんだよ、って。

今、なにか、やってることがつらかったり、たいへんだとしたら、「そのことは続けるべきではない」というお知らせなんですね。

それが、神のメッセージ。

わたしには神さまの声が聞こえない——と思ってる人がいると思うんですけど、今のあなたに、十分、届いてるんです。わかりますか？

つらい気持がしてる、ということは、「間違ってる」という、天の声。

嫌な思いをしてる、というのは、「そのままだと間違ってる」っていう、天からのメッセージなんです。

でも、「嫌な思いがするとき」というのは、必ず自分の魂の成長になって、人生がウマく行く、チャンスなんです。

苦労は一秒でも早く止めなくてはいけない理由

苦労は間違い、という話をわかりやすくするために、一つ例題を出します。

たとえば、Aさんという人がいて、Aさんはお店をやっています。

お客さん、きてほしいです。

きてもらいたいから、「ウチって、こういう楽しいことやってるんですよ」というチラシを作りました。道端で配りました。

そしたら、一〇人に配ったら、一人、お店に来てくれました。

いいチラシです。一〇人に配ったら、一人来てくれるチラシ。

ライバルのBさんという人も、チラシを作りました。

配ってみました。

そしたら、一〇〇人に配ったら一人来てくれるチラシでした。

ここまでOKですね。


じゃあ、同じ数だけ、お客さんに来てもらうためには、Aさん、Bさん、それぞれ何枚のチラシを撒かなきゃいけないかというと。

たとえば、一〇人のお客さんに来てもらいたい、とします。


Aさんの場合、一〇枚に一人くるチラシを一〇〇枚配れば、Aさんのお店にお客さん、一〇人、来てくれますよね。

一方、Bさんの場合は、一〇〇枚配って一人来てくれるチラシだから、一〇人にきてもらうには、一〇〇〇枚、配らなきゃダメなんですよね。

それは、わたしに言わせると苦労なんです。

どこが苦労かって、BさんはAさんの一〇倍の労力をつかったのにもかかわらず、お客さんの数は同じなんです。

もし、Aさんと同じチラシを配っていたら、同じ労力で一〇〇人、お客さんが来ますよね。なのに、九〇人も少ないんです。

ところが、一〇〇〇枚だと、Bさんはまだ自分がこなせるから、まだ苦労を止めないんですよね。

ヘタしたら、一〇〇〇〇枚ぐらい、がんばって配ってしまうかもしれません。

本当は、Bさんは自分の作ったチラシが間違っていることに気づけばいいんです。一〇人に配ると一人来てくれる、Aさんのチラシを研究して、いいところをマネして自分の店のチラシを作り直せばウマくいくんです。

この苦労を乗り越えたら、しあわせが待っている、ワケがない！

この苦労に耐えて、今を乗り越えれば、その先にはしあわせが待っている。
苦労人はよく、そんなことを言います。
でも、乗り越えようとしちゃダメなんです。間違いを続けてはいけません。
なぜなら、その先は「もっと苦労」が待っているから。

どういうことですかって？
じゃあ、もう一度、先ほどのチラシの例で説明しましょうね。

Bさんは、自分の作ったチラシがハズレなのにもかかわらず、「自分の努力が足りなかった、もっとたくさんチラシを配ろう」とか、「この苦労に耐えていれば、後でいいことが起きる」と思ってます。そして、ハズレのチラシを追加で印刷して、また道端で配ります。

Aさんと同じ一〇〇人のお客さんに来てもらうためには、Bさんはもう九〇〇〇枚チラシを追加で印刷して（合計一万枚）配らないといけません。

それでやっと、Aさんと同じ、一〇〇人に達成です。
チラシを配る労力も、チラシの印刷代も、Aさんより、うんとかかってます。
もしAさんが一万枚配れば、お客さんは一〇〇〇人来てくれるんですよね。
Bさんは「この苦労に耐えていれば、後でいいことが起きる」と期待したけれど、実際にBさんを待ち受けていたのは、「もっと苦労」だったという。

人生もこれと同じなんです。

家のなかで、もし、つらいことが起きているなら、あなたの話しかたなのか、オシャレのしかたなのか、今の行動のなにかが間違ってるんです。

つらいとき、いくら、がんばっても結果が出ないのは、

「無駄だから止めなさい」

という、神さまのお知らせなんです。

だけど、ひとりさんは言うんですね。

神さまは、オレたち人間に、ガマンを強いてはいない、って。

Bさんにはね、身を粉にして働くのをダメとは言わないけれども、本当は神さまは、「チラシの中身を変えれば、一〇倍のお客さんが来るよ」って教えたいだけなんです。

だから、Bさんはたいへんな思いをしてる。

この「たいへんな思いをしている」ということが天の声で、愛なんです。

続けられない才能

わたしって、あきっぽくって、同じことが続けられないんです。

とくに、結果が出ないことは続けないいんです。

たとえば、わたしが、ある商品を世の中に広めていくことになったとします。この商品のよさが、相手にいちばん伝わりやすい言葉はなんだろう——と考えて、作った言葉を眼の前に来た人に言ったとき、相手が「ふーん」って興味なさそうだったとします。

二、三人ぐらいに話して、「それ、使ってみたい」とか言ってもらえなかったら、一〇〇人に同じ言葉で声をかけたり、わたしはしないです。
ヘタしたら、二人目から言葉を変えます（笑）。

なぜかというと、苦労は間違い、という、ひとりさんの成功法則が、脳に、全身に浸み込んでるんです。

だから、自分の労力を最小限にして、うん、そう、わかる？

自分の労力を最小限にして、最大限の結果を求めるんです。

結果とは、お金のことだけじゃなくて、似たような商品を売っているお店があるなかで「あなたからこの商品を買いたいのよ」という人が増えるように魅力をあげる努力をするんです。

どういうことかというと、自分の努力を最小限にして、最大限のしあわせをつかみとるんです。

わたしはそれに対して貪欲、しあわせに貪欲だから苦労が少ないんです。

だから、みなさん、もっともっと、しあわせに貪欲になっていいんです。

もし、人と同じ努力をしてるのに結果がぜんぜん違ってたり、なにかウマくいかないとしたら、あなたの、なにかが間違ってるんです。

さっき話した、メガミさんは顔の表情が間違ってた、言うことが間違ってた、着るものが違ってた、全力で不幸だった。

それを直したらね、ドーンっと突き抜けちゃったの。

家の福の神になっちゃったの。本当の女神ですね。


だから、もし、自分の家庭のなかでも、職場でも、なんでも、ウマくいかないとしたら、自分のなにかを変える余地がある。

それを見つけて直したら、突き抜けてしあわせになっちゃう。

今がそのチャンスかもしれないですよ。

神さまのクイズ

仕事のストレスって、実は、働いてる時間の長さとか、体を酷使するかとか、ほとんど、そういうことではないそうなんです。

たいがいのストレスは、職場の人間関係がウマくいってないことなんですよ。

そういう研究報告が出てるんですけど。

わたしも、別の会社に勤めている知り合いから、職場の悩みを相談されることがすごく多いです。

たとえば、「ウチの職場に〝地獄言葉〟の人がいるんです」とかって。

そのとき、わたしは言うんですね。

いいじゃない、別に、いたって（笑）。

他人《ひと》が〝地獄言葉〟を言おうがなにしようが、自分が明るくしてればいいんであって。

神さまは、〝地獄言葉〟が多い職場にいるあなたがどうするかを見てる。

だから、他人《ひと》のことは問うてないの。

あなたは〝地獄言葉〟の人につられて〝地獄言葉〟をつかうんですか？

それとも、〝地獄言葉〟の多い職場にいても、自分だけでも明るく楽しくして、他人に親切にしていられますか？

忍耐強く愛と光でいられますか？

という質問なんですよ。

その職場で、あなただけでも〝天国言葉〟で話せばいいんですよね。

もう一つ、言っちゃうと。

わたし、いい意味で、あんまり周りを気にしない性格のせいなのかどうか、わからないんですけれど、そういう問題にあたったことが、一回もないんですね。

病院に勤めていたときも、臨床検査技師ってすごく地味な仕事で、わたしのいた検査室も地下で霊安室の隣だし（笑）、くらーい感じなんだけど、わたしがそこの職場に出てくると、空気は一変します。

まず、仕事に差し支えないから、ＣＤデッキを置き、好きな音楽をかける。

お昼休みは仲間とバレーボールで遊ぶ。

どんどん、自分の色に変えていっちゃうんです。

夕方になると近くの酒屋でビールを買ってきて、職場が仲間と楽しく過ごす居酒屋になる（笑）。

でも、職場の上司からも仲間からも、すごく、かわいがっていただいて。

わたしはちゃんと仕事をやってはいたけれど、特別に能力が秀でていたのではないのです。

それよりも、わたしがいつも笑ってて、楽しく明るくしてたからだ、と思います。

それでね、わたし、ひとりさんとか、ウチの社長たちを見てて、いつも思うんです。めっちゃ、楽しくて、すごく明るいんです。

どんな暗い環境でも、どんなに周りが〝地獄言葉〟を言っていても、太陽が一つあるだけで、かげりがなくなってしまう。

そして、みんな、太陽の周りに集まってくるんです。


だからね、あの人がこうでと言ってる自体、まだダメです。

まだ月か、惑星か、ですね。

みなさん、一人ひとりが太陽でなきゃいけません。

そして、実は、人を魅了するスターとは、太陽のことなんです。


太陽は一生懸命、自分を燃やして光を放っているけれど、「この芽を育てよう」

として光ってるんじゃないんです。
太陽があるだけで、命あるものはみな、育つんです。
だから、あなたはただひたすら輝けばいい。
ひたすら自分を磨いてキレイにして、ひたすら、しあわせになってってください。

いい気持ちを他人《ひと》に与える人

東北で頑晴《がんば》ってる仲間たちが集まる会に、山形から参加してくれるお母さんと二〇代の息子さん、トシくんがいます。

トシくんは脳の病気（悪性脳幹腫瘍）で、「余命、四ヵ月」と宣告されました。

最初、お会いしたときは、話すことも、歩くことも、ままならない状態でした。

二〇代と言えば、まだまだこれから、という時期。

自分の夢だった仕事につけたのに、その夢も失って、「神も仏もあるものか」と言いたくなると思うのですが、この母子は違います。

トシくんもお母さんも、この病気がひとりさんの考えかた・生きかたにふれるきっかけになったから、病気を前向きにとらえながら、ひとりさん流を実践なさってね。集まりがあるたびに、「おかげさまで元気になりました」とか、「こんなに、よくなったんです」って、わたしに報告しにきてくれるんですね。

それが、わたしは、とっても、うれしくて。

わたしは、しあわせで豊かな人を一人でも増やしたくて、ひとりさん流のしあわせのなりかたを伝えたくて、講演をしたり、執筆をしてるんですね。

ですから、「すごく、いいみたいです」「こんなによくなりました」「おかげさまで」とか言われたら、理屈抜きで、うれしいんですよ。

ましてや、「〝天国言葉〟を言ってるのに、なにも変わらないんです」と、わざわざ言いにくる人もいるんですから（笑）。

でも、この母子さんは、こんなにも喜ばせてくれる。

自分たちの眼の前に出てくる人、出てくる人に明るく前向きな話をして、喜びを与えている人たちだから、

「こういう、いい人たちは、神が見放さない。愛と光と忍耐の実践ジャーだから」

って言ってたんです、わたし。

本当に、トシくんも、お母さんも絶対に助かると思ったのです。

そしたら——。

本当に神さまはいるんですね。

一年経ちますが、トシくんは病気を克服されて、バイトに行けるぐらい元気になられたうえに、自分と同じ病気で苦しんでいる人に、自分がどうやってこの病気を克服したか、教えているんです。

人は病気ですら糧にして、どんどんしあわせで豊かになって行けるんですね。

言葉・考えかたで人生を切り拓く

ですから、なにかウマくいかない、としたら、そのことは、その人にとって、なにかしら、学びになることが起きているんです。

すべての出来事は、病気もなんでもそうですが、ぜんぶ理由があってなっているのです。

偶然は一つもないんです。

「自分の気持を前向きに変えられないんです」と言うのは、その人の因果なんですよね。

いろんなことがあって、ずぅーっと前世から、持ちこしている〝思い〟みたいなものを今世で乗り越えなきゃいけない。

だけど、それがなかなかできなくて、何度も、似たような人生を繰り返す。

死んでも、また生まれて同じような間違いを繰り返す、というのが、ふつうの人がたどる人生なんです。

でも、わたしたちは学びにきている、持ち越した課題をクリアするために、今ここに出てきている。

ひとりさんがよく言うんです。

すべて今、起きていることは、偶然はひとつもなくって、ぜーんぶ、あなたが創りだしたものなんだよ、って。

それは、今世だけのことではなく、前世のことも、そのなん百年前のことも、何千年前のことも、ぜんぶ、神さまは見逃してはくれないのです。

だけど、眼の前の人に笑顔で〝天国言葉〟を話したり、自分をキレイにして周りの人の気持ちを明るくしてあげたり、他人《ひと》のしあわせを願ったり、〝いいこと〟している人にも、ひとつも漏れがなく、ちゃんと、ごほうびをくれます。

それが宇宙の摂理。

宇宙貯金は〝いいこと〟したらポイントがプラス、嫌な思いを与えたらマイナスになるんです。

未熟さゆえにしでかしてしまったこと、間違った暗い思い、自分が見たくない部分のことも、ゼッタイ、見逃してはくれない。

だけど、人は過去にロクでもないこともしているけど、〝いいこと〟もしてるんです。

それも、神さまは見逃さずにちゃんと覚えてて、必ずごほうびをくれます。

だから、今世、今まで生きてきて〝いいこと〟もあったでしょう。

たとえば、人生、どん底のときに、ひとりさんの肯定的な考えにふれて、光明を得たとか。

だから、みなさん、自分になにが起きても、悲観しないでください。

遺伝子って、その人がいつどういう病気になるかとか、どういう性格かとか、組み込まれてると言われてます。

でも、人間には意志があるんです。

その意志でもって、自分の考えとか、言葉ですね。

言葉が変わると考えが変わって、波動が変わります。

遺伝子も眠っていたスイッチがオンになり、自分の体を変えていくこともできる。

人生を切り拓いて行くこともできます。


なにを言いたいのかというと、人生を切り拓く力の素となるのは、言葉であり、考えかたなんだ、と。

7
なにがあっても、ついてる！

求めよ！　戸を叩け！

この前、おもしろい人がいましてね。

彼女は、すごい、お化粧がウマくなりたかったの。

でも、一生懸命、やるんだけど、すごくうまく描けないの、マユ毛とか。

ところが、愛と光と忍耐の境地になって、他人《ひと》のしあわせを祈ることを実践しはじめたら、彼女、ビックリするぐらいキレイに、マユ毛が描けるようになったんですよ。

要するに、「愛と光と忍耐」という、最高に波動がいい状態になると、自分の望んでることが叶いやすいんです。

人間は心に思ったことが現実になる、自分が創造主だから望まないことは起きません。


ところが、その例の彼女は、波動がよくなると誰でも化粧がウマくなるとカン違いしてたから、わたし、彼女に言ったんですね。

「そうじゃないのよ。あなたは化粧がウマくなりたいって、いっしょ懸命、お化粧を研究して、大スキでしょ？」

「うん、だけど、はなゑさんね、わたし一生懸命やってもウマくいかなかったのに、他人《ひと》のしあわせを願って波動がよくなったら、すごく上手になったんですよ」

「それはね、あなたがウマく描きたいと思うから。別に、キレイになりたいって、意識してない人は、いくら波動がよくなっても変わらないよ」って。

だから、キリストの言葉で、「求めよ、さらば与えられん」というのがあるけれど、要するに、自分が望まないことは起きない。

望まない、と言うより、自分が思わないことはなかなか起きないんです。

だけど、思ってるだけではダメなんです。

「求めよ、さらば与えられん」という言葉の後に、キリストはこう言ってるんです。

「たずねよ、さらば見出さん。門を叩け、さらば開かれん」と。

要は、宇宙の……

ごめんなさい、この話は難しいので止めましょう。

ともかく、豊かになりたかったら、豊かな波動を自分が出すことなんです。

他人《ひと》のしあわせを願い、仕事をウマくいかせたい、と思う

豊かな波動って、いちばん簡単な方法は、まず他人《ひと》のしあわせを願うこと。

それから、仕事とかを、ウマくいかせたいと思うこと。

それがいちばん、豊かになります。


それから、「お金を稼ごう」と思うのはいいんですけど。

ちょっと、言葉って、おもしろくて、お金を「欲しい」と言うことは、今現在「ない」ことになっちゃうんです。

難しいでしょ。

だから、今現在、仕事がウマくいってるぞー、みたいに思ったらいいんです。

なんとなくニュアンスの違いがわかってもらえましたかね。


こういうルールを、ひとりさんは、なぜか知ってるんですよ。

だから、ひとりさんは間違いがないの。

だけど、みんなもね、自分が「絶対、こうしたいんだ」と思うことを、突き進めるだけのパワーが、本当はあるんです。

人生を切り拓いていく力。

そういうものを、みんなも、持ってるの。


でも、愛と光と忍耐の境地じゃないと、せっかく備わってるパワーも、十分、発揮できない。

だから、言霊の力を借りて、「上気元、上気元」と言ったり、「わたしは愛と光と忍耐です」と言ったりすればいい。

それから、他人《ひと》のしあわせを祈る。

みんなのしあわせを思う。

そうすれば豊かな波動になるので、結果、しあわせなことが起きて、自分の想像した以上に素晴らしい人生を送れるようになっているんです。

自分に起きることは、なぜか、いいことに決まってる！

日々、いろんなことが起きると思うんです。
起きるたびに、なんだか、モヤモヤしたものを抱えちゃう。

でも、なんか問題が起きるでしょ。
そしたら、「絶対、大丈夫」って、まず言ってください。
「自分にとっていいことに決まってる」って。
とても思えなくても、かまいません。
「なんだか、わかんないけど、いいことに決まってる」と言ってください。

なんだかわかんないけど、いいに決まってるんです、あなたに起きることは。


世の中、偶然はひとつもありません。

「なんか、嫌だな」と、一瞬、思うようなことが起きる。

でも、自分にとって、これは絶対いいこと。

これを、自分に言い聞かせてください。


わたしも、かつて、そういう練習をしていました。

そしたら、今、わたしは、なにがあっても上気元をくずさない、前向きに考える自信があるんですね。

もしかしたら、世界でいちばんかもしれない（笑）。

ぐらいに決めてるんです、「わたしは悩まない」って。

悩んでも、何十秒ですね。

たまに、「アレ？　また、考えちゃってるな」というときがあるんですね。それに気づいたとき、わたしは「あぁ、イケない、イケない」って、すぐパッと切り替える。

なぜかというと、人間の心は、いろんなものを呼び寄せる力があるんですよ。だから、ヘンなこと考えたら、たいへんなんですよ（笑）。ヘンなこと、いっぱい来ちゃうもん。

だから、絶対に、明るく楽しいことを考えるんです。問題に対処していくのに、「こうして、ああして」とは考えるけど、「こうなったらどうしよう」「ああなったらどうしよう」と言って、暗い顔になることはしない。「しない」と決めてるんです。

みなさんも、もっとしあわせで豊かになりたい、自分の人生を切り拓いていこうと思うのなら、暗い顔になることは「しない」って、心に決めてください。

わたしは、太陽の子ども

最後に、またウチの母親の話をちょっとだけ。

わたしは母のことをいつも思い出して、いろんなことを「前向きに考えよう」って、「あの人の血を継いでるし」と思ってるんですね。

というのは、わたしが中学の頃の話なんですけど。

わたしは、知らなかったんですけど、ウチの父親がガンの末期だって宣告されたんですよ。

高校を卒業して、専門学校に行ってる頃にはじめて聞かされて。

それまで、そんなこと、お医者さんに言われたこと、まったく知らなかったんです。

でも、ウチの父が亡くなったのは最近で、大往生だったんですよね（笑）。

どういうことですか？　というと。

わたし、話を聞かされて、「えっ!!」って、ビックリしたんです。

両方ともすごいな、と思って、父親も、母親もね。

まず、父親ですけど、会社をやってたんです。

ところが、父が血を吐いてたらしいんですね、たまに。

それが、もう毎日、血を吐くぐらいになってきたんで、従業員の人たちがウチの母に「親父さん、もう絶対おかしいから、ムリクリにでも、病院に連れてってくれ」って。

病院に行ったら、ドクターが「これはたいへんだ」と。

即入院ですよ。

後から聞いた話では、ウチの母親は、そのとき、ドクターに呼ばれて「もう、ガンの末期だから、あきらめてくれ」みたいな話を聞かされたんです。

そしたら、ウチの母親は、その後、すごいんですよ。

毎日、キレイに、元々、オシャレな人なんですけど、キレイに着飾って、マニキュア塗って、ニコニコして病院に通ってたんです。

ウチの母親、曰く、「パパがガンだって、ぜんぜん信じられなかったの」と。

だから、ぜんぜん悲しくなかったんですって（笑）。

「だって、この人が死ぬわけない」と思ってたって。

そんなふうに、絶対ね、「ガンで余命を宣告されても、信じられなかったのよ」って言うの。


わたし、それを聞いたとき、「えぇっ」て、ビックリしたの（笑）。

「え、じゃ、誰にも言わなかったの？」って母に聞いたら、「誰にも言わなかった」って。

しかも、母は、ホントに楽しかったんですって、病院に通うのが。

確かに、当時を振り返ってみると、母はやつれもなく、キレイだったんですね。

しかも、結局、父のガンは消えてしまったんです。

信じる力が運命、変えたんではないかと。

ホントに、想念とか、考えって、すごいなと思うんですけれど。


だから、誰も知らない、娘のわたしも気づかなかった。

十年たって、その話を聞かされて、「えぇー!!」ってビックリして。

それでね、その後、おもしろいんですよ。

ウチの父親に「ねぇ、自分がガンだって宣告されてるの、知ってた?」って言ったら、「知らない」って(笑)。

「だってさ、一年ぐらい血、吐いてたんでしょ」

「うん」

「それでも死ぬと思わなかったの?」

「思わない」

それを聞いたときに、わたしはすごい人の(笑)、血を引いてるんで、ちょっと程度、みんながあきらめるようなことがあっても、わたしの気持はめげない。プラスにしか思わない。

そうやって決めたんです。

ワクワク楽しむ心が〝強さ〟

わたし、人間の想念というのは本当に、とんでもない力を持っていると思っているんです。

考えかた、どんな言葉を出しているかによって、いろんなものを引き寄せるじゃないですか。

ですから、なにか問題が起きてもね、ホントに、このことは自分にとって悪いことじゃないって、まず、決めてください。

そして、周りの人がどんなに暗い話をしていても、自分だけはプラスに。

いろんなことを言われたとしても、なるべくプラスに考える。

なぜって、問題は、もうすでに、起きちゃってるじゃない？

問題が起きちゃってるうえに、自分が過剰に心配したことで、問題がさらにおっきくなったら嫌でしょ（笑）。

だから、そんなバカバカしいこと、しちゃいけないのね。

自分だけは、いつも、ちょっとでもプラスにものを考える。


わたし、想念というのは、本当にすごいと思うんですよ。

いろんなものを引き寄せたり、とか、できるでしょ。

だから、自分が発する言葉や考えてることを、意識的に前向きに、プラスにしていく。

人間ってみんな、思ったことが現実になっちゃう、すごい力を持っているから、いいほうに、この力を使いたいな、と思ってるんですね。

みなさんも、一人ひとりね、自分の心のなかに、すごい力をもった、魂というか、神さまが入ってる。

ホントは、みなさん、すごい力をもってるんですよ。

だから、自分の言う言葉や考えに、もっと責任をもったほうがいいです。

今、いろいろ起こっていることは、自分が生み出してるんだ、って。

そして、あなたに起きた問題は、必ずあなたがクリアできるから、あなたに出てきている。

まだ、こっちにも変えられるし、あっちにも変えられるんです。

自分がコントロールしてるんだもん、自分の人生をね。

そのことをわかってください。

すごい力があるんですよ、ホントに。

だから、言葉とか、考えかたに気を付けて、キレイにしてね。

メイクしたりすると、アイライン一本引く線を一ミリ太くしたり、とか、ちょっとしたこと、簡単なことで、人ってキレイになるのね。

そうすると、鏡を見た自分が、いつもよりちょっとキレイになっていると、気分いいんですよ、楽しいのね。


楽しくてワクワクした気持ち。


この、うれしい、ワクワクした気持ちが、いちばん、しあわせを呼び寄せる波動なのね。

呼び寄せるパワーが強いんですよ。

だから、光ものをつけてもいいし、楽しい友だちと会ってもいいし、メイクしてもいいんです、ともかくワクワクした楽しい気持ち。

その楽しい気持ちを、わたしは「しあわせバリア」と呼んでるんですけど。

楽しい気持ちが多い人ほど、ホントに、人生、たくましく生きれるんですよ（笑）。
隣りでなんか、言われてても、気になんないし（笑）。

いちばん大事なこと――それぞれ、しあわせ

ちょっと最近、また何冊か、本の話がきてまして、いろいろ、担当の人とお話ししてるんですけれど。

そのとき、驚かれたんですね。

「はなゑさん、もし嫌いな人がいたら、どうします?」

「えーっと、わたし、嫌いな人いないから、わかんないなー」

「えっ!! はなゑさん、嫌いな人、いないんですか」

「えっ、いるんですか?」って聞いたら、いるんですって。

あぁ、そうなんだと思って、わたし、「じゃあ、もしかして、アレかな。ごめんなさい、言いかた悪いけど、どうでもいい人はいます」って言ったのね（笑）。なんていうかな、別に、眼中にない人っていうか。

ごめんなさい、でも別に「ヤだな」って人を、ずぅーっと見てても、しょうがないかな、って（笑）。

だから、「ヤだな」と思う人は別にいないんです、視界に入ってこないので（笑）。という感じで。

ホントに脳天気で、自分が機嫌よく過ごしていると、あんまり周りのことが気にならない。

どうでもいいですね。

どうでもいい、というのは、冷たいとか、そういう話ではないんです。

わたしはわたしでしあわせの道を突き進みますよ。あなたも、しあわせになってね、という意味。それぞれ、しあわせになってね、そういう感じですよね。

だから、他人《ひと》のしあわせを願い、自分はますます、しあわせになる。

そして、自分とかかわった周りの人を、少しでもね、しあわせなほうにね。

〝しあわせなほう〟じゃないな、どんどん、もっとしあわせのほうへ。

しあわせは際限がないので。

いくらでも、しあわせになっていいんです。

絶対なっちゃいけないのは不幸。

だから、しあわせは、いくらでも、しあわせになっていいんです。

なので、わたしもね、周りにも、どんどん、この〝しあわせの輪〟を広げて行きたいなと思います。

ありがとうございました。

おわりに

この本は、過去、講演会で話したことを記録した講演録を加筆・修正し、再構成したものです。

講演の前には「なに、話そうかな」って考えるんですけど、結局、好きなこと、話してしまって（笑）。

言いたいことを言ってるから、大丈夫だったかな？　って思うんですけれど。サイン会で「今日のお話、よかったです」と言ってもらったりすると、ほっとしてうれしいですね。

不思議なんですけれど、講演会でも本でもそうだけど、みんなが喜んでくれたときって、実は、しゃべってる、わたしがいちばん楽しんでるんですよ。

ホントにね、不思議なんだけど、なんていうかな。

本当に自分にいいことって、相手にとってもいいんですね。

だから、みんなが喜んでくれたときというのは、それ以上に、わたしが、気持ちよくカラオケでうたいあげたときみたいな（笑）。

そんなカンジです。

宇宙と波長を合わせたまま、絶対くずさない

わたしの個人的な見解なんですけれど。

ひとりさんって〝本物〟なんですね。

〝本物〟とは、宇宙と波長を合わせたまま、なにがあっても〝愛と光〟の状態をくずさない。

つまり、「愛と光と忍耐」そのもの。

だから、ひとりさんは営々と、納税日本一を続けられる。

一瞬よくなって、後は落ちる、という一過性の成功なら、〝本物〟とは言えないけれど、ひとりさんはそうじゃない。

それから、ひとりさん自身が昇り竜としてのぼっていくのだけれども、ひとりさんとともに歩んでる人も同じ方向を見ていっしょにあがって行くんです。

ちなみに〝あがって行く〟というのは、人生が楽しくなる、しあわせになっちゃう、豊かになる、体の具合もよくなる、ということです。

それから、〝本物〟の人は若くてキレイなんです。

きたない〝本物〟ってないんです。

ひとりさんをご覧になると、即、おわかりいただけるのですが、めっちゃくちゃカッコよくて若い、キレイなんですね、ひとりさんって。

そして、ひとりさんからいろいろ教わっている、愛弟子さんたち。

門戸を叩いてから、もう一〇年、二〇年、三〇年と経つ人がいるのですが、その人たちが、みんな今が、いちばんキレイなんですよ。

これ、すごいと思いませんか？

なぜ、そうなのかというと、宇宙と波長を合わせたまま〝愛と光〟の状態を絶対くずさない、ひとりさんとともにきてるから。

宇宙と波長が合っていない、自分さえよければ、という波動になると、逆の現象が起きるんですよ。

人生ウマくいかない、貯金が減り続ける、不幸なことが起きる、病人が出る、というように、逆のドミノ倒しが起きるんです。

一方、ひとりさんとともに行くと、体が元気になるし、気持ちも若々しくなって運勢が開けていきます。

ひとりさんの本を読んで実践するほど、仕事がウマくいく。

家庭がウマくいく、会社で出世する。

ぜんぶ、いいほうに繋がって行く、連鎖が起きるんですよね。

それが〝本物〟なんですよ。

〝ひとりさん〟という、人間の深み

ひとりさんの生きざまを、ずっと、そばで見てきて、わかってきたことがあるんです。

ひとりさんがなんと言うかは、知りません。

最初に申し上げた通り、あくまでも、わたし個人の見解です。

わかってきたこと、とは、天が、わたしたち人間に、いちばん望んでいる、生き方を体現しているのが、ひとりさんだ、という。

その生きかたのなかには、もちろん、肯定的な考えかたも入ります。

健康を維持するための食事のバランス、栄養も入ります。

仕事のことも入ります。

どんな家庭に生まれようが、それでも明るく楽しく生きて、しあわせをつかみとろうという意志の力。

いろんな事情があるなかで、どうやって生きると人生がウマくいくか。

ひとりさんは、いろいろわかってるんです。


だけど、わたしたちが想像している以上に、ひとりさんって、わたしたちには計り知れないものを持ってるんですよ。

いまだに、ひとりさんのひと言、ひと言に、目からウロコの毎日なのね。

質問に対する答えとか聞いてると「はぁ～」っていう、新しい発見が常にある人なんです。ということは、まだまだ、わたしたちが知ってる程度の深さじゃない。

もっと深みのある人なんですね、ひとりさんって。

上っ面はワザと冗談で言ってるけれど、でも、それも完全なひとりさん。

そして、ひとりさんは、喜怒哀楽がちゃんとあって。

ちゃんと欲をもってる。自分ももっとしあわせで豊かになりたいし、みんなのこともしあわせで豊かにしたい、という欲があって。

天の御心と、ぜんぶ一致してる人なんだと、わたしは思っているんです。

思いやりがあって、弱い者イジメをする輩がいたら黙っちゃいない。

ひとりさんを知れば知るほど、ひとりさんはなにかの〝お役目〟をおおせつかって地球にきた人なんじゃないか、という考えが、確信にかわってきたんですね。


ホントに知れば知るほど、教わったことを実践すればするほど、どんどん、安心がくるというか、天とのパイプが太くなるのを感じるんです。

実践するほど、周りに、明るく楽しく生きて、しあわせな仲間が、呼ばれるように増えてくる。

ホントに不思議なんですけど。

ひとりさんの決意

昔、ひとりさんは頭痛もちでした。
ものすごく、ハンパなく痛かったんですって。
なぜ頭が痛くなるか、わたしは知っています。
目上の人に逆らっていると、頭が痛くなってくるんですね。
たとえば、ひとりさんだったら、天の神さまですね。

どういうことかというと、ひとりさんは〝お役目〟があってこの世に出てきたんです。

わたしたちがしあわせで豊かになるために、いろいろ教える〝お役目〟を拝命して、出てきている、そうに違いないのです。

というのは、ひとりさんの生きざまや考えかたにふれることがなかったら、今ほど自分がしあわせで豊かになれているとは思えない。いや、絶対になれていない。それは、わたしだけでなく、ともにひとりさんの勉強をしている人たち、全員がそう言うんです。

ひとりさんがもし、本を出さなかったら、病気であるとか、仕事がウマくいかなかったとか、自分にふりかかった不幸は、偶然であって、「なんて自分は不運なんだろう」と、自分の人生をあきらめたかも。

だけど、ひとりさんの勉強をしていると、そういうものに打ち克って、健康を取り戻せたり、人生を好転できたりするんです。

ところが、当の本人ひとりさんは、みんながしあわせで豊かになる方法を知っているのにもかかわらず、自分が不思議だと思われたりするのが嫌だから。
だから、すごく、その部分を、みんなに見せるのを避けてきたんですね。
だから、ひとりさんの不思議な部分も、「言うな」「言うな」って、ずっと。実は、今も言われていて（笑）。

話す必要があると思うから、わたしは話してるんですけれど。

わたしたち身近にいる人間にとっては、等身大のひとりさんって、当たり前なんですよ、そういうことが。

生まれ変わりのことだとか、具合の悪い人のしあわせを祈って癒しの波動を送ったりだとか、そういうのが日常なんです。

でも、世間には、そういう部分をひた隠しにして、他の人を助けることができる力が与えられているのに、それを使わないでいるもんだから、頭痛がするワケですよ。まるで〝孫悟空の輪っか〟みたいです。

でも今は、まったく、頭痛のクスリを飲んでる姿、もう何年も見てないです。

知り合った頃は、カバンにいっつもバファリンとか、リンクルアイとか入っていて、「ものすごい頭痛なんだ」と言って、しょっちゅう飲んでたの。

でも今は、まったくクスリの類は飲んでないです。


ひとりさんも、具合の悪いのは因果だ、と言うんですね。

こうしたほうがいい、ということをしないで、間違った方向に行くと、体にお知らせが出るんです。

だけど、宇宙の中心は愛の塊で、やさしいので、そのことを改めたら、

「もう、クリアしたから、いいよ」

って〝ないもの〟にしてくれちゃう。

ですから、今、ひとりさんは体の調子がいいし、さらに若くなったんですよ。

ひとりさんも人間だから、やりたくないこともあったと思うんです。

でも、今は言っています。

これから残りの人生は、自分のための人生ではなくて、明るく楽しく生きて際限のないしあわせが手に入る道へ、みんなを連れて行く、って。

誰もがみんな歩き出したくなる、そんな、上気元な道へ。


おそらく、宇宙の中心にいる人は、クスっと笑って、「ホントに痛みじゃないとわかんない人だね」と思ったんではないかと(笑)。

思うんですけれど。


わたしも最近、思ったんです。

そんな、敬愛するひとりさんのお手伝いを、仲間たちとともに、一枚岩になってやって行こうって。

女性たちはよりキレイになり、男性はさらに魅力的になって、〝天国言葉〟で豊かな波動を広げて行こう、って。

なんだか、最後まで取り留めもない話になってしまいました（笑）。

最後までおつきあいくださり、ありがとうございます。感謝いたします。

斎藤一人さんの公式ホームページ

http://saitouhitori.jp/

一人さんが毎日あなたのために、ついてる言葉を、日替わりで載せてくれています。ときには、一人さんからのメッセージも入りますので、ぜひ、遊びにきてください。

お弟子さんたちの楽しい会

♥斎藤一人　感謝の会――――――会長　遠藤忠夫
http://www.tadao-nobuyuki.com/

♥斎藤一人　一番弟子　柴村恵美子
ブログ　http://ameblo.jp/tuiteru-emiko/
ツイッター　https://twitter.com/shibamura_emiko/
フェイスブック　https://www.facebook.com/shibamura.emiko/

♥斎藤一人・柴村恵美子会
http://www.shibamura-emiko.jp/

♥斎藤一人　きらきら★つやこの会　会長　舛岡はなゑ
http://www.kirakira-tsuyakohanae.info/

♥斎藤一人　人の幸せを願う会――――会長　宇野信行
http://www.tadao-nobuyuki.com/

♥斎藤一人　楽しい仁義の会――――会長　宮本真由美
http://www.lovelymayumi.info/

♥斎藤一人　千葉純一の今日はいい日だ－会長　千葉純一
http://chibatai.jp/

♥斎藤一人　「ほめ道」の会――――――会長　みっちゃん先生
http://www.hitorisantominnagaiku.info/

♥斎藤一人　今日一日、奉仕のつもりで働く会－会長　芦川勝代
http://www.maachan.com/

ひとりさんファンの集まるお店

全国から一人さんファンの集まるお店があります。みんな一人さんの本の話をしたり、CD の話をしたりして楽しいときを過ごしています。近くまで来たら、ぜひ、遊びに来てください。ただし、申し訳ありませんが、一人さんの本を読むか、CD を聞いてファンになった人しか入れません。

住　　所：東京都葛飾区新小岩1-54-5　1F
電　　話：03-3654-4949
行 き 方：JR 新小岩駅南口のルミエール商店街を直進。歩いて約 3 分
営業時間：朝 10 時から夜 8 時まで。年中無休

ひとりさんよりお知らせ

今度、私のお姉さんが千葉で「ひとりさんファンの集まるお店」というのを始めました。
みんなで楽しく、一日を過ごせるお店を目指しています。
とてもやさしいお姉さんですから、ぜひ、遊びに行ってください。

行き方：JR 千葉駅から総武本線
　　　　成東駅下車、徒歩 7 分
住　所：千葉県山武市和田 353-2
電　話：0475-82-4426
定休日：月・金　　営業時間：午前 10 時～午後 4 時

各地のひとりさんスポット

ひとりさん観音：瑞宝寺　総林寺
住所：北海道河東郡上士幌町字上士幌東 4 線 247 番地
電話：01564-2-2523

ついてる鳥居：最上三十三観音第二番　山寺千手院
住所：山形県山形市大字山寺 4753
電話：023-695-2845

ズバリ当たる！

いいこと占い（無料）

今、あなたが悩んでいること、あなたが知りたいこと、あなたが向かう方向、すべてが、その場で、ズバズバ当たると驚かれている「いいこと占い」が無料で受けられます。

ひとりさんから、ボランティア占い師として認められた人が、あなたのために占ってくれます。

興味のある方は、下記に連絡してください。

ボランティア（無料）でやってることですから、時間や日にちは、占いをする人の都合に合わせてください。

とても楽しいですよ。

フリーダイヤル

0120-497-285

観音様までの楽しいマップ

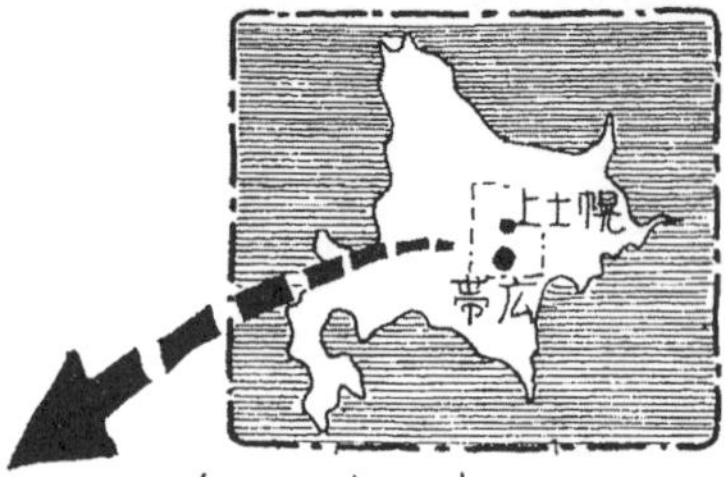

① 愛国←→幸福駅

『愛の国から幸福へ』この切符を
手にすると幸せを手にするといわれ
スゴイ人気です。ここでとれるじゃがいも
野菜・etcは幸せを呼ぶ食物かも!
特にとうもろこしのとれる季節には、
もぎたてをその場で茹でて売っている
こともあり、あまりのおいしさに
幸せを感じちゃいます。

② 十勝ワイン（池田駅）

ひとりさんは、ワイン通といわれています
そのひとりさんが大好きな十勝ワイン
を売っている十勝ワイン城があります
★十勝はあずきが有名で『赤い宝石』
と呼ばれています。

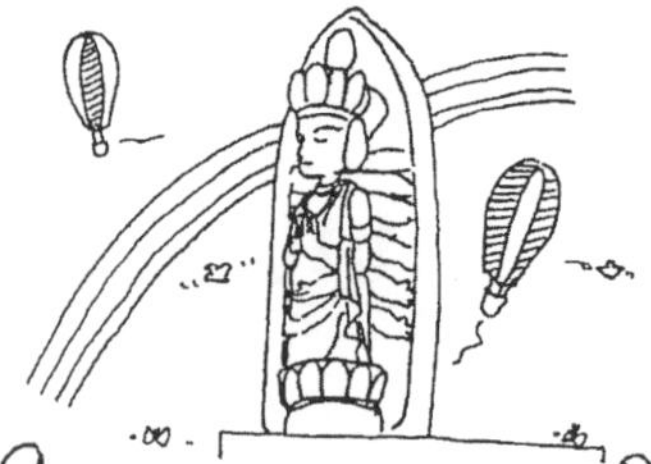

★観音様

ひとりさんの寄付により、夜になると
ライトアップして、観音様がオレンジ色
に浮かびあがり、幻想的です。
この観音様は、一人さんの弟子の1人
である柴村恵美子さんが建立しました。

③ 上士幌

上士幌町は柴村恵美子が生まれた町。
そしてバルーンの町で有名です。8月
上旬になると、全国からバルーンミスト
が大集合。様々な競技に腕を競い
合います。体験試乗もできます。
ひとりさんが安全に楽しく気球
に乗れるようにと願いを込めて
観音様の手に気球をのせています。

④ ナイタイ高原

ナイタイ高原は、日本一広く大きい牧場
です。牛や馬、そして羊もたくさんいちゃうのヨ。
そこから見渡す景色は雄大で感動!!
の一言です。ひとりさんも好きなこの場所
は行ってみる価置あり。
牧場の一番てっぺんにはロッジがあり
ます(レストラン有)。そこで、ジンギスカン
焼肉・バーベキューをしながらビールを
飲むとオイシイヨ!とってもハッピーになれ
ちゃいます。それにソフトクリームがメーチャ
オイシイ。2ケはいけちゃいますヨ。

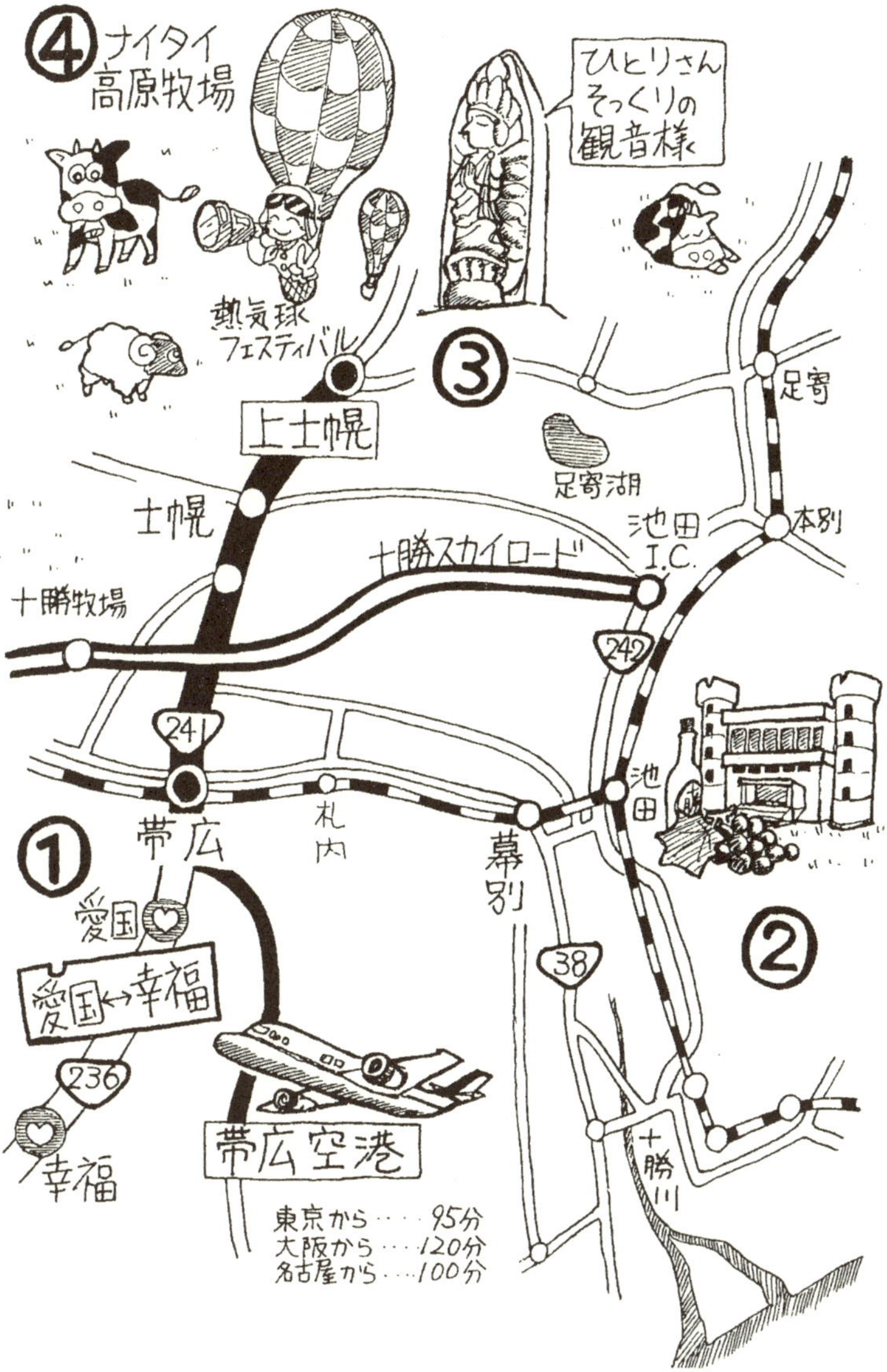

④ナイタイ高原牧場
熱気球フェスティバル
ひとりさんそっくりの観音様
③
上士幌
足寄
足寄湖
士幌
池田I.C.
本別
十勝スカイロード
十勝牧場
242
241
帯広
札内
幕別
池田
①
②
愛国
愛国↔幸福
236
幸福
38
帯広空港
十勝川
東京から……95分
大阪から……120分
名古屋から……100分

『カンタン成功法則』

斎藤一人著

（ＫＫロングセラーズ刊　一四〇〇円＋税）

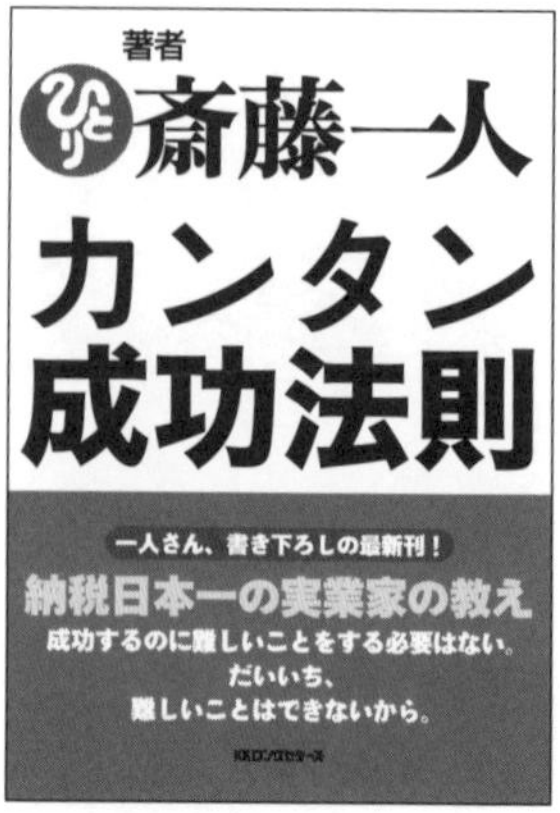

私は若いときから仕事を始めましたが、実は仕事で「赤字」というものを出したことがないのです。

ずっと上り調子で、楽しく仕事をして、今日までやってきました。

それには、私なりに、ある「ルール」に従って生きてきたのです。

この「ルール」のことを、この本で書いてみようと思いました。

ちなみに、この「ルール」を試すのに、お金は一円もかかりません。

ですから、この本を最後まで楽しく読んで、気軽な気持ちで試してください。

だって、試すのは、タダ（ゼロ円）ですから（笑）。

斎藤一人

『斎藤一人　自分さがしの旅』

（ＫＫロングセラーズ刊　一五〇〇円＋税）

斎藤一人著

あなたがもし、流れ流れていく人生を望むのならば、
はっきりいいましょう、この本を読む必要はまったくありません。

なぜなら、この本は、笑いながら納税日本一になってしまった、
〝一人さん〟こと、わたし斎藤一人が、楽しくて効果絶大の、
人生の開拓法を伝授するものだから。
人生を開拓したいあなたへ、この本を捧げます。

斎藤一人

〈CD付〉

『斎藤一人流　すべてうまくいくそうじ力』

舛岡はなゑ 著

（ＫＫロングセラーズ刊　一六〇〇円＋税）

いらないモノ、はなゑちゃん、山ほどためてるだろ。
それ全部、捨てな。
つべこべいってないで、とっとと捨てな、って――。
ちょっとでも捨てだすと、それだけでも
人生、違ってくるから。

斎藤一人

〈CD・DVD付〉

『斎藤一人　すべてがうまくいく上気元の魔法』

斎藤一人著

（ＫＫロングセラーズ刊　一五〇〇円＋税）

私は「上気元の奇跡」をずっと起こしてきたんです。
生涯納税額日本一になれたのも、いつも「上気元」でいたから
「上気元の奇跡」が起きたんだと思うんです。
私は、これからもずっと「上気元」でいます。
このことを知ってしまうと、もったいなくて、もう不機嫌にはなれません。

斎藤一人

〈ＣＤ付〉

『斎藤一人　成功脳』

斎藤一人著

（KKロングセラーズ刊　一四〇〇円＋税）

本来、自分に自信のない人は、

「オレにはできないけど、脳にはできる！」

そう言っていればいいんです。

一人さんのお弟子さんたちも、最初はみんなね、「私たち、社長になれるかしら？」って言ってたんです。

だからオレは、

「なれる。あなたにはできないけど、あなたの脳にはできる！」

そう言ってたら、ホントに全員社長になれました。

だからね、何か商売していて大変でもね、

「オレにはできないけど、脳にはできる！」

そう言い続けてください。

斎藤一人

〈CD付〉

『斎藤一人　愛される人生』

斎藤一人著　（ＫＫロングセラーズ刊　一六〇〇円＋税）

人は愛することも大切だけど、愛される人生を送ることがとても大切。
愛するだけならストーカーでもできるけど、愛される人生を送るには、愛されるような行為が必要。
これからは、愛される人生がしあわせのキーワード。

斎藤一人

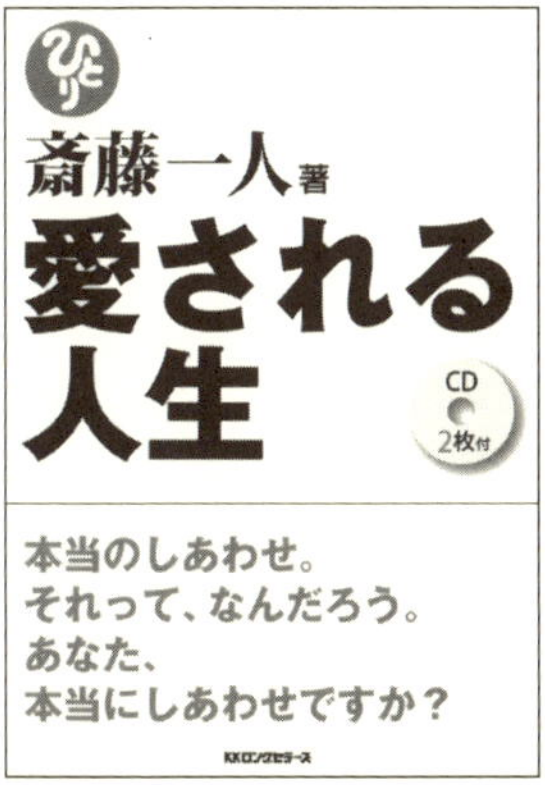

〈CD2枚付〉

『斎藤一人　絶好調』

斎藤一人著

（ＫＫロングセラーズ刊　一五〇〇円＋税）

この本は、グランドプリンスホテル「飛天の間」で、パーティーを開いたとき、話したものです。当日は、「飛天」始まって以来の大盛況で、会場に入りきれない人が何百人と出たほどのにぎわいでした。

講演の内容は、お弟子さんたちの「斎藤一人さんの教え」と、私の「幸せのなり方」「病気の治し方」「霊の落とし方」「仕事の話」「人生はドラマだ」と、盛りだくさんです。

この話は、私がみなさんにどうしても伝えたい内容です。

ぜひ、何度も、読んで（聞いて）ください。

一生、あなたのお役に立つと確信しています。

斎藤一人

〈CD2枚付〉

『斎藤一人　幸せの道』

斎藤一人著

（KKロングセラーズ刊　一五〇〇円+税）

遠くに幸せを求めないでください。
遠くに幸せを求めると、
ほとんどの人が行き着きません。
苦しくなるだけです。
それより、
今の自分の幸せに気がついてください。

斎藤一人

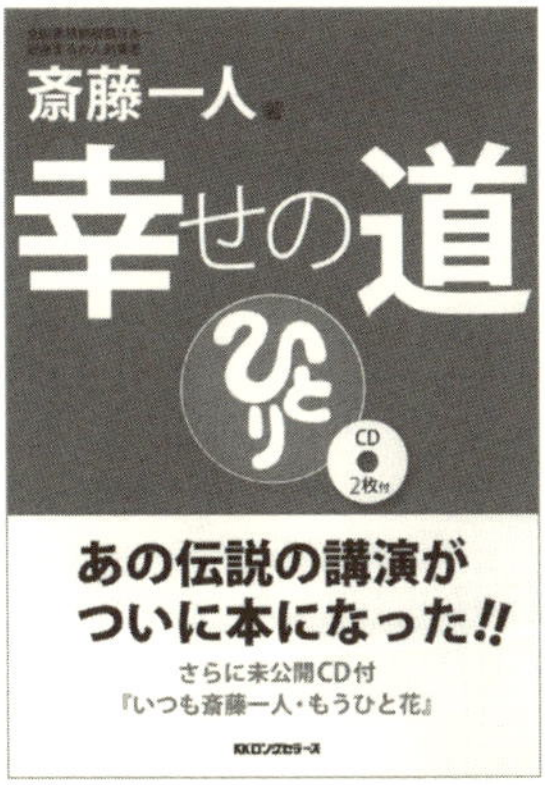

〈CD2枚付〉

『斎藤一人　誰でも成功できる押し出しの法則』

みっちゃん先生著

（ＫＫロングセラーズ刊　一五〇〇円＋税）

①〝押し出し〟とは、自分をより高く、カッコ良く見せる方法のこと

②成功するには、実力と〝押し出し〟の両方がいるんだよ

③最初にうんとインパクトを与えるために〝押し出し〟をする

④バッグでも、指輪でも、なにかひとつでいい。成功しているように見えるものをつけてごらん

⑤「〝押し出し〟があって、やさしい人」に、人はイチコロで参ってしまう

斎藤一人

『斎藤一人　奇跡連発 百戦百勝』

舛岡はなゑ 著

（KKロングセラーズ刊　一五〇〇円＋税）

わたしにとって一番の、最大の謎は、わが師匠・斎藤一人さん。

出会った当初から一人さんは不思議な人だったけれど、弟子になって長い間ずっとそばにいてもなお一人さんは謎のかたまりで、ホントにとっても不思議な人です。

それも、ただの不思議じゃない、そんじょそこらの代物とは全然まったく違う。

わたしは、そのことを、どうしてもいいたくて、いいたくて、しょうがありませんでした。

この際、思いっきり一人さんの不思議なことを書いちゃおう！

そう決定した次第です。

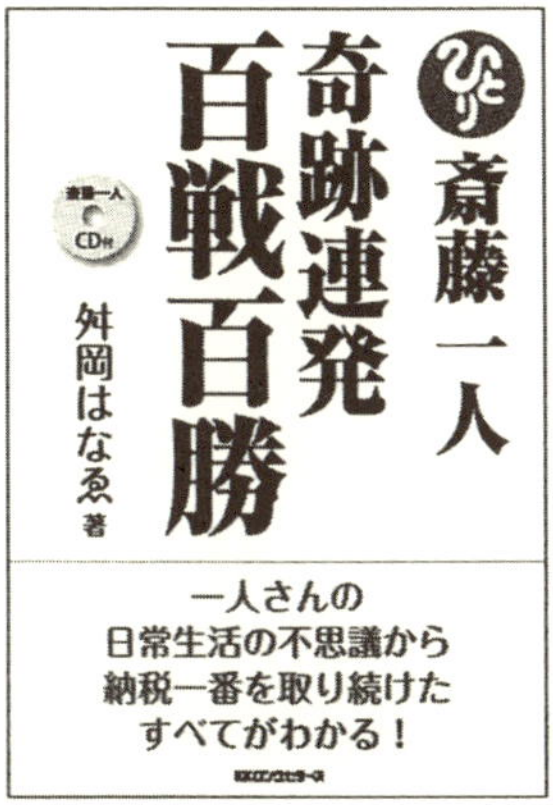

〈CD付〉

『斎藤一人　こんな簡単なことで最高の幸せがやってくる』

一人さんのお姉さん著

（ＫＫロングセラーズ刊　一四〇〇円＋税）

私は千葉の成東という町で、「一人さんファンの集まる店」を始めました。

いま、私は、いままでの人生の中で、最高に幸せです。

毎日、たくさんの人とお話したり、笑ったり。

お店に来てくださる方々から、

「一人さんって子どもの頃、どんなお子さんだったのですか？」

「お姉さんは、いままでどんな人生を歩んできたんですか？」

と質問されることがよくありました。

そこで、私なりに、いままでの人生をふりかえってみようと思いました。

この本を書くことで、我が弟、斎藤一人さんと、私の歩んできた人生を、少しでも伝えられたら嬉しいです。

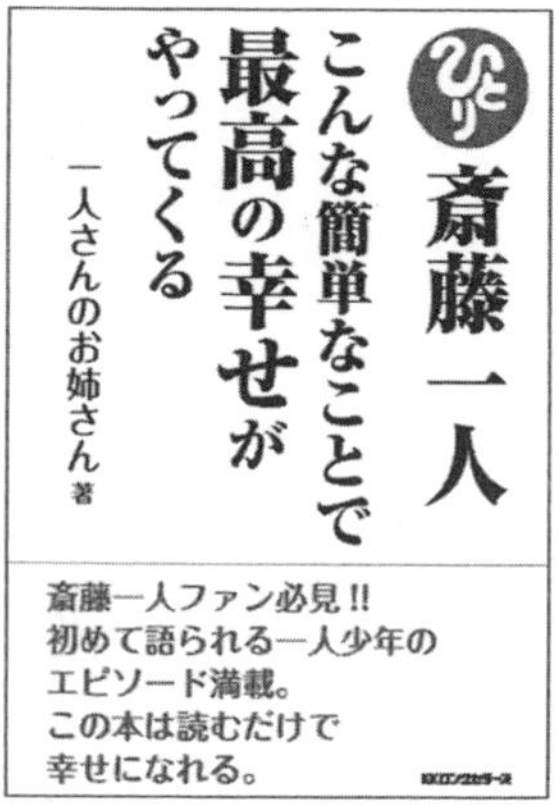
ひとり
斎藤一人
こんな簡単なことで
最高の幸せが
やってくる
一人さんのお姉さん著
斎藤一人ファン必見!!
初めて語られる一人少年の
エピソード満載。
この本は読むだけで
幸せになれる。

『斎藤一人おすすめ　明日に向かって』

福田 博著

（ＫＫロングセラーズ刊　一四〇〇円＋税）

私が地方のある街を歩いていると、やっているかいないかわからないような喫茶店がありました。

その店を見たとき、私はどうしてもこの店に入らなければいけないという気持ちにさせられました。しかし、店の中に入ると、そこには誰もおらず、大きな声で「すいませーん、こんにちは」と、何度叫んでも、誰一人出てきません。

五分ぐらいすると、店のマスターらしき男性が現れ、だまってコーヒーをたててくれました。「お客さんは、旅の人ですね」と言ったあと、語り始めた衝撃の物語に、私は強く心をうたれました。

あなたも、ぜひ、この物語をご覧ください。

斎藤一人

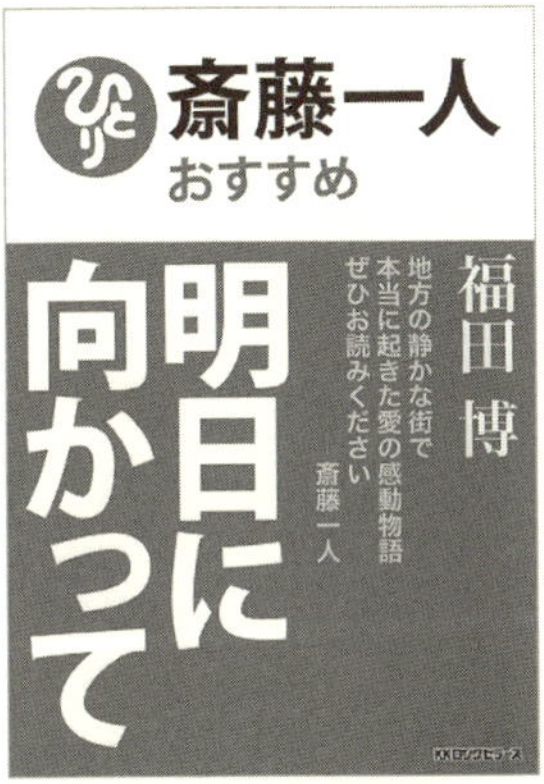

『斎藤一人　笑って歩こう　無敵の人生』

芦川政夫著

（ＫＫロングセラーズ刊　一四〇〇円＋税）

私の人生はまったくツイていませんでした。
そんな私が一人さんと出会って、変わったのです。
幸せになれたのです。
この本を読んでくださる方が、幸せになれないわけがありません。
あれだけツイていなかった私が言うんだから、間違いないのです。

芦川政夫

〈ＣＤ付〉

『斎藤一人　愛は勝つ』

大信田洋子著　（ＫＫロングセラーズ刊　一五〇〇円＋税）

こんなに、すごい人たちが、
まるかんを支え、
私を支えてくれているんだ、
と、思っただけで、胸が熱くなります。
この人たちを、私のもとへ連れてきてくれた
神さまに、心から感謝します。

斎藤一人

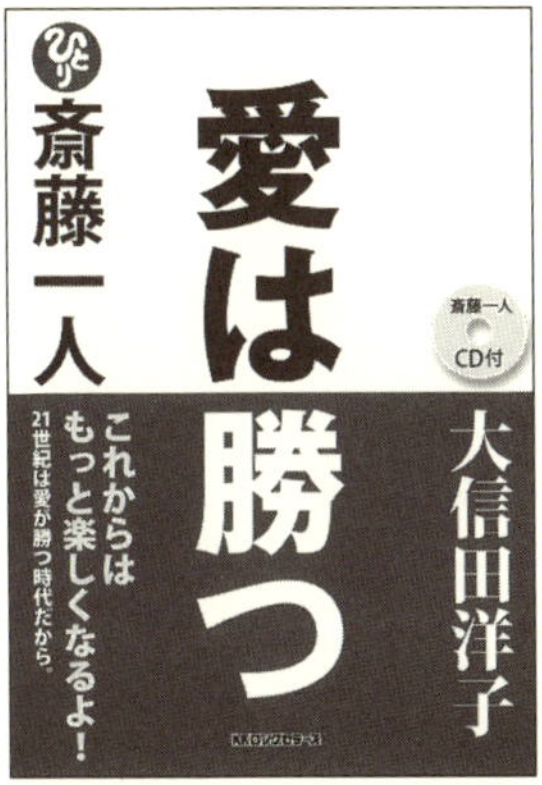

〈ＣＤ付〉

『斎藤一人　天使の翼』

芦川裕子著

（ＫＫロングセラーズ刊　一五〇〇円＋税）

この本は、心が凍りつくような体験から内に閉じこもってしまった少女が、天使の翼を得て最高の喜び・しあわせを得るまでのドキュメントです。

やわらかな春の日差しを連れた「ある人物」が、突如として、少女の目の前に現れ、凍った心をあたためてゆきました。

あの、ぬくもりが、あなたの心にも伝わりますように。

世の中全体が、やさしい春の陽光に包まれますように。

そう念じつつ、私と斎藤一人さんとの出会いから

その後の出来事、そして、

一人さんからいただいた素晴らしい魂再生の法を

お話させていただきます。

芦川裕子

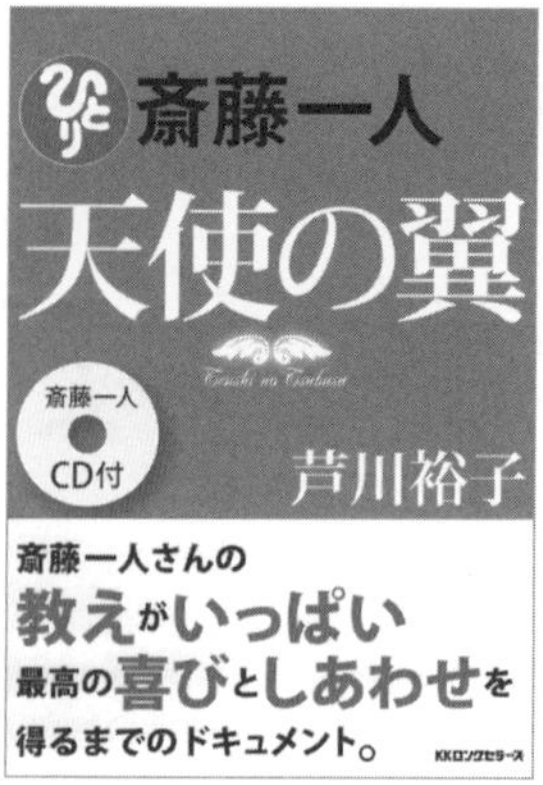

〈CD付〉

『斎藤一人　この不況で損する人　この不況で得する人』

斎藤一人 著

（ＫＫロングセラーズ刊　一五〇〇円＋税）

私は商人なんですけれど、ふだんは、あまり経済の話をしないんです。

お弟子さんたちに話すことの大半は、しあわせのこと、魂的なことなのですが、ふと、

「あ、これは教えておかないといけないな」

と思って、経済のことを話す機会がたまにあります。

二〇〇九年が明けたときも、私はそう思って、お弟子さんたちをはじめ、まるかんの人たちに、

「日本と世界の経済は、これから、こうなりますよ。だから、こういうことをするといいよ」

という話をしました。

その録音ＭＤを活字に書き起こしたのが本書です。

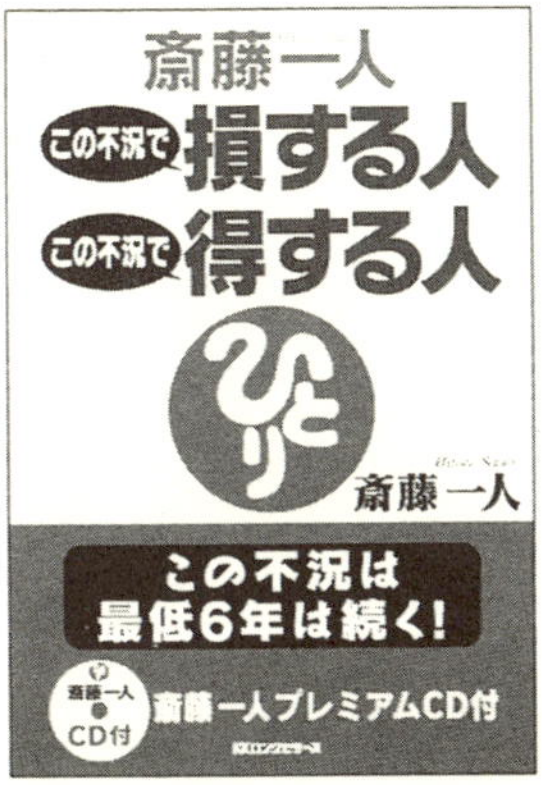

学生さん、主婦の方、定年退職した方にとっても、もちろん、仕事をしている方にとっても、役に立ついい話だと、私自身は思っています。

ただし、この本に書いてあることを信じるかどうかは、あなたの自由です。

どうぞ肩の力を抜いて、気楽にページをめくってみてください。

斎藤一人

〈ＣＤ付〉

『斎藤一人絵本集1　こうていペンギンはなぜ生きのこったか!?』

作／斎藤一人・絵／宮本真由美　（ＫＫロングセラーズ刊　一〇〇〇円＋税）

いつも明るく元気で肯定的な〝こうていペンギンくん〟。
いつもグチや悪口や文句ばかり言っている〝ひていペンギンくん〟。
さて、幸せなペンギン王国を作ったのはどちらでしょうか。

〈ＣＤ付・親子関係の悩みについて〉

『斎藤一人　成功する人くさる人』

（ＫＫロングセラーズ刊一四〇〇円＋税）

「寺田本家」23代目当主　寺田啓佐　著

世の中にこんな不思議なことがあるとは……

斎藤一人

一人さんが教えてくれた

〝人生の成功法則〟

それは、あたかも蔵つきの微生物が独りではたらいて酒を醸すがごとく、目に見えない不思議な力、他力でもって自分の実力以上の成功が醸し出されていくものです。

『斎藤一人　天才の謎』

遠藤忠夫　著

（ＫＫロングセラーズ刊　一三〇〇円＋税）

出版おめでとうございます。

私のお弟子さんの中でいちばん最後の出版になってしまいましたけれど、いつも「私がいちばん最後でいいですよ」と言って、みんなを先に行かせてあげた忠夫ちゃんの気持ちが天に通じたような、いい本ができあがりましたね。

一人さんも本当にうれしいです。

これからも長いつきあいになると思います。

よろしくお願いします。

斎藤一人

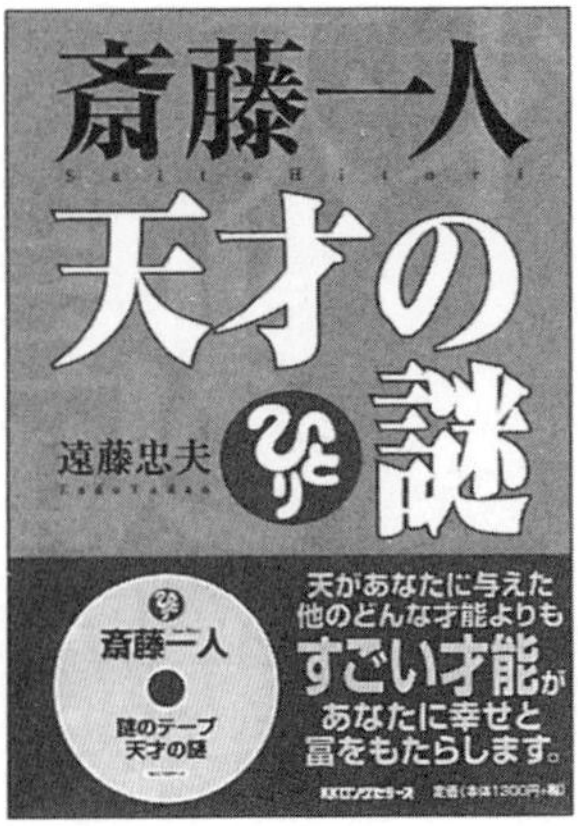

〈CD付〉

『斎藤一人　億万長者論』

宮本真由美 著

（KKロングセラーズ刊　一四〇〇円＋税）

真由美ちゃん、出版おめでとうございます。
真由美ちゃんらしい、明るく楽しい本になりましたね。
身近な話題が、読んだ人に次々と奇跡を起こしそうですね。
本当に、楽しい本をありがとうございます。

斎藤一人

〈CD2枚付〉

『斎藤一人　黄金《おうごん》の鎖《くさり》』
宇野信行 著
（KKロングセラーズ刊　一三〇〇円＋税）

いつもやさしく、ニコニコしているのぶちゃんが、こんな素敵な本を出してくれたことを、とてもうれしく思います。

この本を読んだ人たちは、のぶちゃんから勇気をもらって、「幸せだ、幸せだ」と言いながら毎日楽しく歩いてくれますね。

そして、幸せを手に入れて喜んでいる顔が目にうかびます。

のぶちゃん、ほんとうにいい本をありがとうございます。

斎藤一人

〈CD付〉

『斎藤一人　人生がつらくなったときに読む本』

柴崎博文著

（ＫＫロングセラーズ刊　一五〇〇円＋税）

七年前まで「うつ病」で行き先がわからず、自分の存在さえ否定していた私を救ってくださった斎藤一人さん、本当にありがとうございました。この奇跡のような出逢いに、言葉では言い尽くせないほど、心の底から感謝の気持ちでいっぱいです。

柴崎博文

〈CD2枚付〉

斎藤一人さんのプロフィール

斎藤一人さんは、銀座まるかん創設者で納税額日本一の実業家として知られています。

1993年から、納税額12年間連続ベスト10という日本新記録を打ち立て、累計納税額も、発表を終えた2004年までで、前人未到の合計173億円をおさめ、これも日本一です。

土地売却や株式公開などによる高額納税者が多い中、納税額はすべて事業所得によるものという異色の存在として注目されています。土地・株式によるものを除けば、毎年、納税額日本一です。

１９９３年分――第４位	１９９９年分――第５位
１９９４年分――第５位	２０００年分――第５位
１９９５年分――第３位	２００１年分――第６位
１９９６年分――第３位	２００２年分――第２位
１９９７年分――第１位	２００３年分――第１位
１９９８年分――第３位	２００４年分――第４位

また斎藤一人さんは、著作家としても、心の楽しさと、経済的豊かさを両立させるための著書を、何冊も出版されています。主な著書に『絶好調』、『幸せの道』、『地球が天国になる話』（当社刊）、『変な人が書いた成功法則』（総合法令）、『眼力』、『微差力』（サンマーク出版）、『千年たってもいい話』（マキノ出版）などがあります。その他、多数すべてベストセラーになっています。

《ホームページ》http://www.saitouhitori.jp/

一人さんが毎日あなたのために、ついてる言葉を、日替わりで載せてくれています。ときには、一人さんからのメッセージも入りますので、ぜひ遊びにきてください。

〈編集部注〉

読者の皆さまから、「一人さんの手がけた商品を取り扱いたいが、どこに資料請求していいかわかりません」という問合せが多数寄せられていますので、以下の資料請求先をお知らせしておきます。

フリーダイヤル 0120-497-285

斎藤一人
一生しあわせ論《ろん》

著　者　舛岡はなゑ
発行者　真船美保子
発行所　KK ロングセラーズ
東京都新宿区高田馬場 2-1-2　〒 169-0075
電話（03）3204-5161（代）　振替 00120-7-145737
http://www.kklong.co.jp

印　刷　太陽印刷工業（株）　製　本　（株）難波製本
落丁・乱丁はお取り替えいたします。※定価と発行日はカバーに表示してあります。
ISBN978-4-8454-2312-5　C0030　Printed In Japan 2014